新 潮 文 庫

黄色いマンション　黒い猫

小泉今日子著

新 潮 社 版

11530

目次

中扉題字・和田誠

はじめに

私が生まれる少し前に、原宿という町名が消えた。その辺りの小さな町をひとつにまとめて神宮前という町名に統一したらしい。でも、原宿駅はそのままの駅名で今でも使われているし、誰もがそこを原宿と呼んでいる。他に呼びようがないんだもの。だって、「神宮前に買い物行かない？」なんて、なんか変だもの。やっぱり、「原宿に買い物行かない？」でしょ、絶対。これってすごいことだと思う。原宿という町名は五十年も前に消えたのに、紛れもなくそこは原宿でしかないなんて。そんな町、他にもあるのかな？　あまりないような気がする。不思議といえば不思議な町だ。

そんな不思議な原宿の町を観察しようと雑誌の連載を始めた。「原宿百景」と題した連載は、原宿に所縁《ゆかり》のある人との対談と、私のエッセイで構成されていた。私は原宿を歩きながら、過去や、未来や、自分の心の中を旅した。

この本は、その私の旅の記録です。今だから書けること、今しか書けないことが詰まっています。一秒一秒、今は過ぎて、すぐに過去になってしまうから、今は今しかないのだけれど、今と追いかけっこをしながら、できるだけ鮮度のいいネタを握りたいと、一見《いちげん》さんお断りのお寿司屋《すしや》さんみたいな気持ちで書きました。なんでお寿司屋さんに喩《たと》えたのか自分でもわからないけれど。江戸っ子みたいにパクッとひと口で食べてください。いや、読んでください。

黄色いマンション 黒い猫

黄色いマンション　黒い猫

玄関のドアを開けようとしたら、何かに引っかかって、ほんの少ししかドアが開かない。十五センチくらい開いたドアから覗《のぞ》いてみるとダンボール箱らしきものが見える。なんだろう？　と、思いながら恐るおそるドアを押してみる。ダンボール箱の中身は案外軽い物らしい。そんなに力を入れなくてもドアに押されて引きずられていった。縦五十センチ、横三十センチ、高さ二十五センチくらいの使い古された汚いダンボール箱だった。黒いマジックの殴り書きみたいな文字で〝キョンキョンへ〟と、書いてあった。

今日は仕事がお休みで、目が覚めたのは午後三時。昨夜は仕事が終わるのが遅かった。毎週水曜日はパーソナリティーを務めている「オールナイトニッポン」というラジオ番組の生放送の日で、深夜の一時から三時までベラベラとくだらないことをしゃべりまくる。そんな時間に一人でベラベラしゃべるなんて、日常的にそうあることじゃない。私はなんだかナチュラルハイ状態に陥って、生放送が終わってもラジオのスタッフ相手にベラベラベラベラしゃべり続けてしまったりする。ハイになっていないマネージャーが「そろそろ帰ろう」と止めてくれなかったら私はいつまでもしゃべり続けて、しゃべり死にするに違いない。

「お疲れさまぁ」

と、スタッフに別れを告げ、救世主マネージャーの車に乗り込んだはいいけれど、生放送の後はいつも必ずファンの人たちがラジオ局に押しかけて、面白半分に私たちの車を追跡してくるから、なかなか家に辿《たど》り着かない。あっちに行ったりこっちに行ったりしながら一台ずつ追っ手を撒《ま》く。激しいカーチェイスに酔って吐きそうになりながら、やっとの思いで家に辿り着いた時には朝の五時をまわっていた。

私のマンションは、明治通りを渋谷から新宿に向かって、左手のラフォーレ原宿を過ぎて、パレフランスも過ぎて、東郷神社も過ぎて、もう少し行くと右手にポツンとあるピテカントロプス・エレクトスっていうクラブの脇《わき》を入った突き当たりにある黄色い建物。黄色いマンションなんてちょっと珍しいでしょ。結構古いマンションだから、シャワーの水圧が弱いのが気に入らないのだけれど、引っ越してきたばかりだし、どうせここもそのうちにファンの人たちにバレちゃうから長くは住めないし……まぁ、いいかって感じで住んでいる。アイドルの住宅事情も大変よ。更新ってしたことないもんね。ファンの人たちにバレて、騒がれて、住民に文句言われて、次のマンションを探す。

〝キョンキョンへ〟って殴り書きのダンボール箱を見た時、もうバレちゃったのかぁ。あー面倒くせーっ！　って心の中で叫んだ。昨夜のカーチェイスでまんまと撒いたと思っていたのに、敵もアッパレだ。お腹《なか》が空《す》いて、近所のスーパーに買い出しに行こうと思って玄関のドアを開けた。そこにあったダンボール箱。バレてしまったのはしょうがない。遅かれ早かれどうせバレるのだ。せめて、この餓《う》えたアイドルに愛の手を。このダンボールを持ってきてくれたのは郊外に住む農家の息子で、収穫したばかりの新鮮な野菜とかが入っている。なんてバカな妄想を抱きながら私は蓋《ふた》を開けてみた。

うん？　なんだか黒い物体が箱の中で震えている。よく見たら黒い猫が心細そうにうずくまっていた。子どもの頃から猫が好きで、ずっと飼っていたということを雑誌のインタビューで語ったことがある。それを読んだファンの人からのプレゼントなのだろう。うれしいけど忙しくて飼えないなぁ、なんて思いながら抱き上げようとした時に、私は人間というものの耐え難い悪意に気が付いた。黒い猫は可哀想《かわいそう》なことに両目を潰《つぶ》されていたのだ。なんてひどいことをするんだろう。私は一気に込み上げてきた涙をダラダラこぼしながら、黒い猫を抱きしめた。

その時だった。選挙カーが大きな音で演説を始めた。目が見えない黒い猫はその音に驚いて私の腕を擦り抜け、外廊下の手摺《てすり》の間から飛び降りてしまった。ここは七階。慌《あわ》てて下を覗くと、ダンボール箱の中にいた時と同じように地面の上でうずくまっている。どうしたらいいかわからなくなった私は、一旦《いったん》部屋に戻り、近所の友達に泣きながら電話をし、来てもらうことにした。電話を切って再び下を覗いたら、ほんの三分の間に黒い猫は姿を消していた。急いで下に降りて探したけれど見つからなかった。友達が来てくれて、もう一度一緒に探してみたけれど、やっぱり見つからなかった。

あれから二十年経《た》った。私は灰色の猫と暮らしながら、時々あの黒い猫のことを思い出す。申し訳ない気持ちでいっぱいになって、今でも泣きたくなるほど胸が痛い。呑気《のんき》にお腹を見せながら昼寝をしている灰色の猫に、

「ごめんね」

と、言ったら、

「にゃん」

と短い寝言で鳴いた。

スクーターズとチープ・トリック

「じゃ、明日ね。チンコおじさんの前に九時集合だよ。バッハハーイ！」

ノリコは男兄弟の中で育っているから平気でチンコなんて言葉を使う。私は三人姉妹の末っ子で、家の中に男は父と猫しかいないから、そういう言葉にいつまでも慣れない。毎回ドギマギしてしまうのだけど、毎回ドギマギしているのを悟られると、うざったい奴《やつ》だと思われそうだから、普通に、

「オッケー、明日ね。バイバーイ！」

と手を振って、いつもの分かれ道で別れた。

チンコおじさんとノリコが呼ぶのは、小田急線本厚木《ほんあつぎ》駅北口にある彫像のことである。「若き心」と題されたこの作品は、ハンマー投げかなんかをしている若者の瞬間的な姿を捉《とら》えたもので、身体《からだ》の動きや筋肉の様子がとってもリアルに表現され

ている。厚木に住んでいる有名な彫刻家の作品だそうだ。下半身がモッコリしているからノリコに変なあだ名を付けられてしまった可哀想な「若き心」。彫刻家の先生も、女子中学生にこんなあだ名で呼ばれていることを知ったらどんな気持ちだろう？　少し気の毒だ。どうか「ワッハッハッ」と笑ってくれる豪快な芸術家先生でありますように。

家に帰ると、庭に色とりどりのスクーターが五台並んで停められていた。白いのはヒロコ姉ちゃんので、黄色いのがサエミ先輩、緑のがエミコ先輩、黒いのと赤いのは初めて見たから誰の物かわからない。スクーターズはきっと姉の部屋でお菓子を食べながらレコードでも聴いているのだろう。面倒くさいなぁ、と思いながら玄関のドアを開けた。

二歳年上のヒロコは私の天敵だ。すぐに威張るし、私が聴いている音楽をバカにするし、テレビのチャンネルはいつも奪われるし、身体はデカいし、口は達者だし。小さい頃からケンカばっかりしているけれど、一回も勝てたことがない。勝てる気がしない。正直に言うと、私はヒロコをこの世でいちばん恐れている。ヒロコだけじゃない。黄色や緑のスクーターズの人たちだって、ヒロコにとっては友達だけれど、私にとっては怖い先輩方なのだ。鉢合わせが怖いので、二階に上がるのはやめておこう。

ヒロコと私の部屋は二階の隣同士。大きな部屋を家具で仕切って使っているから音は筒抜けだ。今日は同級生のミチヤがダビングしてくれたカセットテープを部屋で聴こうと思っていたのになぁ。静かに玄関のドアを閉めて一階のリビングに逃げ込んだ。買い物にでも行っているのか、母も不在。ソファーに座ってコーラを飲みながらボーッとしていると、二階のスクーターズが聴いている音楽が聞こえてきた。チープ・トリックだった。

今日だけはヒロコのことを絶対に怒らせてはいけない。あの人の逆鱗《げきりん》に触れるような行動はできるだけ控えたい。なぜなら私は、明日九時にモッコリおじさん（私なりの表現）の前で、ノリコとサッチャンと待ち合わせ、原宿に行かなくてはならないからだ。竹の子族に入っているノリコ、ローラー族のグループに入っているサッチャンは、明日もホコ天で踊る。原宿の街をブラブラ歩くだけのブラブラ族（一人しかいないけど）の私は、踊っている二人の貴重品預かり係でもある。預かり係だって原宿に行く時はそれなりの気合いが必要だ。黒いニットのアンサンブルに、この間ヒロコが買った白地に黒い水玉のサーキュラースカートをどうしても穿《は》いていきたいのだ。白い三つ折りのソックスに黒いワンストラップシューズを履いて表参道や竹下通りを歩きたいのだ。


ここのところ毎週日曜日には原宿にいる。先週、ホコ天で歩道に座ってぼんやりしていたら、眼鏡を掛けた大学生っぽい人に声を掛けられた。

「僕、アマチュアカメラマンなんだけど、一枚写真撮らせてくれない？」

ナンパだったら完全無視なんだけど、そういういやらしさは全く伝わってこない。手に持っているカメラもちゃんと高そうな一眼レフ。暇だったし、

「ここで撮るならいいよ」

って撮ってもらうことにした。白い反射板みたいなものを広げて「座り方変えてみようか」とか軽くポーズの指示をされて恥ずかしかった。機材をカメラケースにしまいながら、

「ありがとう。来週もこの辺で撮ってるから、見つけたら声掛けて。今のやつプリントしておくから」

と言って、連絡先も聞かずに眼鏡くんは去っていった。やっぱりいやらしい人じゃないみたい。この日の私は、赤白のストライプのセーラーカラーのブラウスに白いサブリナパンツ。もう少し、大人っぽい格好で撮ってもらいたかったな。

白黒の水玉のサーキュラースカート。ヒロコは貸してくれるだろうか？　最悪は寝込みを襲って洋服ダンスからこっそり拝借するしかない！　と、悪事を思い付いた途端、二階からスクーターズの笑い声が聞こえてきた。あぁ、恐ろしや。レコードはいつの間にかチープ・トリックからJAPANに変わっていた。

リッチくんのバレンタイン

　リッチくんは三軒先に住んでいた。あたしんち、タナカさんち、道を挟んでスガワラさんち、そしてリッチくんち。オムツをしてる頃から三軒先の距離で育ったあたしたちは幼なじみといえるのだろう。リッチくんとあたしは同い年。幼稚園も小学校も中学校も一緒だった。勉強ができなかったあたしたちは入れる高校まで一緒だった。ずうっと一緒だった。

　リッチくんはよくモテた。あたしの女友達はみんなリッチくんに一度は恋をしたことがあるくらい。リッチくんの身体の中に混じっているヨーロッパの血のせいか、鼻が高くてハンサムだし、脚が長くてノッポだし、少し茶色がかった髪は気持ち良さそうに風に揺れるし、運動神経はいいし、ユーモアのセンスは抜群だし、ちょっぴり不良だし、男気あるし、女の子が憧《あこが》れる条件をいくつも持ち合わせていた。男連中からも一目置《いちもく》かれる存在で、休み時間になるとリッチくんの周りには男たちが自然と集まってくる。リッチくんは間違いなくあたしたちのスターだった。

あたしはリッチくんのことが少し怖かった。幼い日、公園のブランコをものすごい勢いで漕《こ》いでいたリッチくんの顔はいつも無表情で、そのまま夕焼けの空まで飛んでいってしまいそうだった。お父さんに叱《しか》られてパンツ一丁で閉め出されたリッチくんは、悲しくなるくらい小さな声で泣いていた。その消え入りそうな小さな声を聞くと、リッチくんまで日暮れの闇《やみ》に消えてしまいそうで不安になった。幼い日のリッチくんのいる風景はいつも切なかった。みんなは強くてかっこいいリッチくんが好きだった。あたしは、弱くて悲しいリッチくんを知っていることが怖かった。リッチくんも、それを知っているあたしが怖かったに違いない。

中学のお別れ旅行は上野だった。上野駅にバスで到着してからは、好きに過ごして集合時間までに戻ってくればいい。後楽園遊園地に行くグループ。原宿に買い物に行くグループ。上野動物園でまったり過ごすグループ。面倒くさがりのあたしは、動物園でパンダとゴリラを見てから地味な喫茶店でオレンジジュースをチビチビ飲みながら時間を潰した。

リッチくんは原宿組だった。集合場所にクリームソーダの紙袋を抱えてなんだか少し誇らし気に戻ってきたリッチくんの隣には、ちょっと照れくさそうなメグが立っていた。そう、あたしは知っていた。つい最近二人は付き合い出したのだ。バレンタインの日、手を繋《つな》いで我が家の前を通過する二人を目撃していたのだった。その前はサッチャンと付き合っていたから、この目撃情報をサッチャンに言うべきか、言わざるべきかあたしは悩んだ。結局、あたしは言わないことにしたのだった。だから、集合場所に堂々と二人が現れた時、肩の重たい荷が下りた気がした。

バレンタインの日に目撃したのは二人の姿だけじゃなかった。あたしの部屋は通りに面した窓があって、道は斜めに延びているからリッチくんの家の前までよく見えるのだ。ピンクや赤の四角い包みを手にリッチくんの家の前をうろうろしている他校の生徒を三人ぐらい。三カ月くらい前に転校したユミちゃんも赤い包みを持ってうろうろしていた。さっきラブラブのツーショットを見たばかりだったので、なんだか気の毒だと思いながらもあたしは観察を続けていた。やべぇ、ユミちゃんがいつの間にか我が家の前であたしを見つめている。やべぇ、目が合っちゃった。ユミちゃんは少しだけ知的障害がある。最近までなんとか授業についてきていたのだけど、高校進学を前に転校してしまった。

「あっ！　小泉さんだ。リッチくんはどこ？」

と切羽詰まったユミちゃんが近づいてくる。あたしは仕方なくユミちゃんを部屋に招き入れた。ジュースとお菓子を振る舞いながら思い切って聞いてみる。

「ユミちゃんはリッチくんのこと好きなの？」

なんの躊躇《ちゅうちょ》もなく、

「うん！」

と答えるユミちゃんにあのツーショットを見せるわけにはいかない。

「リッチくんはさっき出掛けて夜遅くまで帰ってこないよ」

って言ってみた。ユミちゃんは悲しそうに頷《うなず》いてチョコレートをあたしに託して帰っていった。あたしはリッチくんに渡せなかった。あたしとリッチくんはそういう距離だった。チョコレートはあたしの机の引き出しの奥に封印された。ごめんね、ユミちゃん。

十八歳の時、リッチくんは突然消えた。車の中で発見されたリッチくんはとてもキレイな顔をしていたという。日暮れの闇に消えてしまいそうだったリッチくんは本当に消えてしまった。たった一人で排気ガスを吸って。ずいぶん時は流れたけれど、リッチくんのお墓に行くといつでも新しいお花と煙草《たばこ》がお供えしてある。リッチくんはあたしたちの青春の記念碑になってくれた。だからあたしたちは大人になれた。

リッチくん、三軒先より空の上の方がよっぽど近い気がするよ。変なの。

嵐の日も　彼とならば

　コウノ先生の家は表参道にあった。私は週に一回そこに通う。小田急線の本厚木駅から急行に乗って代々木上原駅へ、そこから千代田線に乗り換えて表参道駅で下車。Ａ４の出口を出るとその脇に路地があって、ビルとビルの間のその細い道を進んでいちばん奥の袋小路がコウノ先生の家。通りからは見えにくいから、こんなところにこんなに普通の民家がひっそりと存在していることをこの辺にお勤めしているサラリーマンだって気付いていないかもしれない。

　コウノ先生はボイストレーナー、来年の春に歌手としてデビューすることになっている私の歌の先生だ。歌手になろうだなんて、思ったことはなかった。テレビに出てくるアイドルたちにはそりゃ憧れたけど、自分がそっち側に立つなんて考えたこともなかった。

あの日、数学の授業中に一枚の葉書とノートの切れ端に書かれた手紙がまわってきた。ハルコからだ。ハルコは小学校からの同級生。中学三年生の今、久しぶりに同じクラスになった。窓際《まどぎわ》の四列目の私の席から廊下側のいちばん後ろの席に座るハルコをこっそり振り返ると、なぜかピースマークを送っている。

「スター誕生！」のオーディション一緒に受けにいこう！　だって一人じゃ恥ずかしいじゃん！

「スター誕生！」っていうのは日本テレビで日曜日のお昼頃に放送されている番組で、歌手になりたい人たちの公開オーディションみたいなものだ。山口百恵《ももえ》、桜田淳子《じゅんこ》、森昌子《まさこ》、岩崎宏美《ひろみ》、ピンク・レディー、他にもたくさんのスターが誕生している伝説の番組だ。私も家族でよく観《み》ている。「あの子カワイイから絶対に受かる！」とか「この子は歌が上手《うま》いけど何かが足りない！」とか、勝手なことを言いながら結構盛り上がる。合格した子はしばらくすると番組内の新人コーナーでデビュー曲を披露する。どこにでもいそうな普通の子が人の目に触れてどんどん垢抜《あかぬ》けていくのをまるで身内のような親し気な気分で見守ったりするのも楽しいのだ。

数学のカタクラ先生の授業はたまらなく退屈だった。私はハルコからまわってきた葉書に住所、氏名、年齢、好きな歌手などを書き込んだ。こんな、たった一枚の葉書なんかで人生が百八十度変わってしまうだなんて、その時の私はまるで想像していなかった。

ハルコのおかげか、ハルコのせいか、よくわからないけど私の人生は大きく動き出した。私はオーディションを受けたのだ。そして受かってしまったのだ。そして今、デビューに向けて表参道のコウノ先生のとこでレッスンなんかしているわけだ。人生って摩訶《まか》不思議。

ピアノとカセットデッキとマイクがあるだけの小さな部屋で、先生が選んだ課題曲を唄《うた》う。今日は南沙織《さおり》の「純潔」っていう曲。

嵐《あらし》の日も　彼とならば
お家《うち》が飛びそうでも　楽しいのよ

からだなんて　消えそうな嵐でも

なんちゅう歌詞じゃ！　なんて思いながらも一生懸命唄う。だって歌が得意だったわけでもなんでもなくて、唄うことが特別好きだったわけでもなんでもなくて、なんとなくの流れで大変なことになっていて、プロダクションやレコード会社のおじさまたちがたくさん関わっていて、だから今さら引き返すわけにもいかなくて、私、かなり焦《あせ》っています。嫌な汗かきながら一生懸命歌の練習をしています。

レッスンが終わると居間に続く障子が開かれて先生の奥さんが用意してくれたお昼をご馳走《ちそう》になる。テレビがあってコタツがある普通の茶の間で、炊《た》きたてのご飯とお味噌汁《みそしる》と、お漬け物や明太子《めんたいこ》や薬唐辛子や焼き鮭《ざけ》といった気取らないおかずが並んでいて、なんだかすごくそれに安心して泣きたいような気持ちになる。私は今まさに人生の嵐に巻き込まれたような状態で、彼がいようが、いまいが、お家が飛ぶのも、身体が消えてしまうのも怖くてたまらないのだ。

表参道のど真ん中の、ビルとビルの隙間《すきま》のこの家でコタツにあたって、普通のご飯食べて、湯飲みでお茶飲んで、ミカン食べて、ぼんやりテレビを見つめている時、嵐が来ても決して家は飛ばないし、私の身体も心も消えないってそう思えた。周りにどんなに高いビルがどんどん建ってもこの家みたいに平然と普通の時間を刻むことがちゃんとできる。歌はなかなか上手にならないけれど、もっと大事なことをこの家に教えてもらった。

帰り道、私はたくさんの人が往来する表参道を真《ま》っ直《す》ぐ原宿方面へ向かって歩きながら、さぁ来い！　嵐！　どっからでも掛かって来やがれ！　と、心の中で鼻息荒く意気込んでみた。

真剣に親権問題

原宿のレンガ色のマンションの窓にはブラインドが掛かっていて、その隙間から私はこっそり見送っていた。意外と細くて長い脚、猫っ毛だけど禿《は》げてはいない髪の毛、白いポロシャツにグレーのスラックスを穿いた父の後ろ姿。

両親が別居したのは私が中学二年生の頃だった。父が経営していた会社が倒産して、しばらくの間、母と姉二人と私の女四人でのアパート暮らしが始まった。いろいろと面倒くさい問題が解決するまで身を潜めていた方がいいという理由だったのだと思う。深刻な状況だったはずだけど、子どもだった私は思わぬ環境の変化にワクワクしていた。

新しく借りたアパートは駅前の繁華街の近くでバスに乗らないと中学へは通えな

い。初めてのバス通学でワクワク。今まで住んでいたところはとっても田舎で学校帰りに寄る場所なんてなかったけど、駅前の大きな本屋さんで立ち読みをしたりしてワクワク。アパートにはお風呂《ふろ》がなかったので初めての銭湯通いにワクワク。もちろん電話もなかったので銭湯帰りに公衆電話で友達と長電話をしてワクワク。コインランドリーの洗濯も、布団《ふとん》を四組並べてみんなでひとつの部屋で寝るのもワクワクした。

母は知り合いのスナックの手伝いを始め、成人していた長姉《ちょうし》は駅前の喫茶店で働き、高校生の次姉《じし》は友人との付き合いが盛んになった。私はアパートで一人の時間を過ごすことが多くなった。でも別に淋《さび》しくはなかった。これをきっかけに自分の人生が勢いよく動き始めたような気がしてワクワクしていたのだと思う。

そんな生活は長くは続かなかった。半年も経たないうちに父が諸問題を解決して実家に戻れるようになった。でも、私以外はみんな実家に戻ることに尻込《しりご》みをしているようだった。近所の人たちの噂《うわさ》が気になるのかもしれない。私は変わらず地元の中学に通っていたからみんなよりもそれを知っている。学校で男の子に「お前ん家《ち》、倒産したんだってなぁ」なんてからかわれたりした。「そうだよ。それがあんたにどう関係があんの！」って、言い返したらそれ以降誰もその話題に触れないでいてくれたけど。

そんな感じで私は実家に帰っても怖いものは何もなかったし、ワクワクする日々にはもう十分満足していたので実家の父の元に戻ることに決めた。

結局、戻ったのは私一人だった。母に言わせると父はワンマンなところがある人で、母の心の中にはそういう父に対するうっぷんが長い間溜《た》まっていたんだということに私は初めて気が付いた。それが母の帰らないという意志なのだと理解した。確かに両親が仲の良い姿をあまり見たことがなかったかもしれない。喧嘩《けんか》したり、母が泣いていたり、そういう光景の方が印象に残っている。私はどこか醒《さ》めたところがあるようで、一緒にいて喧嘩ばかりするのだったら離れていた方がいいと思っていた。私にとってはお父さんだし、お母さんだし、それは変わらないのだから離れていようと関係がない。実際に母は父と離れてからの方がキレイになったし、明るい表情をしていてとても素敵になった。

父との二人暮らしはそれはそれでまた楽しかった。自転車の二人乗りでトンカツ屋さんにご飯を食べに行ったり、父が意外と料理が上手なことに気が付いたり、私も料理ができるようになったり。不自由も淋しさも感じなかった。父とは元々相性がいいのだ。無口でいつも仏頂面《ぶっちょうづら》をしているけれど、この人のユーモアのセンスは私にとって天下一品だった。面白そうな人が面白いことを言うより、面白くなさそうな人がちょっとシュールでブラックなことを言う方が本当に面白いのだと思う。母にはそういうところが伝わらなかったんだろうな。私はこんなに笑えるのに。だから二人でいつもふざけてケラケラ笑いながら生活していた。

その後、次姉が戻ってきたり、母が拾った猫を引き取ったり、少しずつ賑《にぎ》やかになったけれど、小泉家が全員集合することは二度となかった。私は芸能界へ、次姉は結婚、長姉が父のところに戻り、母は恋をしたりしていた。

十九歳の時、原宿のレンガ色のマンションに父が一人でやってきた。

「お母さんと離婚することになったんだけど、お前だけまだ未成年だから親権問題がある」

と、仏頂面のまま父が言った。

「別にどっちでもいいけど、名前が変わるの嫌だし、お父さんが言いに来てくれたんだからお父さんでいいんじゃない?」

　と、私も仏頂面で答えた。しばらく二人で黙っていたけど、

「じゃあ、帰るわ」

　って、父は玄関を出ていった。

　ちゃんと見送ってあげればよかった。慌てて二階の窓のブラインドの隙間から下を覗いたら帰っていく後ろ姿が見えた。父の後ろ姿をまじまじと見たのは初めてかもしれない。なんだか別人みたいだった。

ユミさんのお母ちゃん

　ユミさんは横浜に住んでいた。渋谷の駅のところの大きな歩道橋の上から東横線のホームが見える。東横線は横浜に向かう電車。ホームと歩道橋はちょうど高さが同じくらいなのだ。喫茶店で一緒にお茶を飲んで、さっき別れたばかりのユミさんがホームに立っているのが見える。私は原宿に住んでいるから歩道橋は逆方向なのだけれど、歩道橋とホームでバイバーイ！　と手を振り合ったら楽しそうだな、と思いついて階段を上ってみたのだった。

　さっきまでお母さんの顔をしていたユミさんはまるで別人みたいだった。私が歩道橋の階段を上るわずかな時間に女の人の顔になっていた。歩道橋の上から見ている私に気付かないユミさんは、女の人の顔で電車が来るのを待っていた。ユミさんは恋人と一緒に住んでいる横浜に帰っていくのだ。

ユミさんは恋をしていた。私が中学生の時に両親が別居をして、それから何人かの男の人をユミさんから紹介された。みんないい人だった。横浜の人はなんとなくお父さんに顔が似ている。いい人なんじゃないかと思う。私はお母さんが恋をしているからといって、傷ついたりはしない。ユミさんの毎日が楽しいのならその方がいい。一人で淋しい思いをしながら暮らしているなんてユミさんには似合わない。

ユミさんは優しいお母さんだったけれど、友達のお母さんたちと比べるとお母さんっぽくない人だったかもしれない。一日一回は喫茶店に行き、マイカップでブルーマウンテンを飲みながら細いタバコを吸ったりする。ゲームセンターでインベーダーゲームをしたりする。古本屋に行って「ドカベン」や「ブラック・ジャック」全巻を大人買いしたりする。ご飯の時にサイダーを飲んだりする。授業参観の日にいきなりショートヘアのウィッグをかぶって現れたりする。運動会にシースルーのワンピースでやってきて男友達から「コイズミの母ちゃん、色っぺえなぁ」なんて言われたりする。普段もサイケデリックな柄のスカーフをターバンみたいに巻いていたり、ミニスカートを穿いていたり、とにかく田舎の田んぼの畦道《あぜみち》を歩くのが似合わない人だった。

幼い日の私の写真を見ると、たいがい超ミニのスカートを穿いている。これもユミさんのセンスで、「キョウコの足はキレイなカタチしているから」と、親バカ発言をしながら、元々ミニスカートなのに、さらに裾《すそ》あげされてパンツが見えないギリギリの丈にされていたのである。髪型もそうだ。小学生なのにパーマをかけさせられたり、モンチッチみたいな超ショートカットにされたり。私はいつも、ユミさんの動く着せ替え人形のように遊ばれていた。別に嫌ではなかった。むしろ好きだった。私が最初に憧れた女性はユミさんだったかもしれない。お母さんというより大人の女性として素敵だと思っていた。でも、いつの日からか私がユミさんのお母さんみたいになっちゃった。

十七歳の時だったと思う。原宿のマンションにユミさんが泊まりに来ていた。キッチンで洗い物をしながら私はユミさんの愚痴《ぐち》を聞いていた。ユミさんは自分の感情に素直な人だから、よく泣いたり怒ったりする。私はいつも黙って聞いてあげる。そうすると、

「あんたは私のお母ちゃんみたいだね。お母ちゃんは割と大柄な人だったから姿は

全然似てないんだけど、何かがすごく似てるのよ」

って、ユミさんが言う。

ユミさんは悲しいことがあると、よくお母ちゃんの話を始める。きっと大好きだったんだね。ユミさんは心の中でいつもお母ちゃんを求めているみたい。時代が時代だったからいろいろ苦労してきたんだね。ユミさんのお父ちゃんは恋をして出奔《しゅっぽん》。ユミさんのお母ちゃんは自ら命を絶ってしまった。それから親戚《しんせき》の置屋《おきや》さんの養女になって若い頃は芸者さんだったユミさん。お母ちゃんの話をしながらはらはらと涙を流すユミさんを見ていると私がお母ちゃんになってあげなくっちゃ！　と、思ってしまう。

だけど、どういう風に優しくしてあげたらいいか、いつもよくわからない。とりあえず冷蔵庫の中から昨日買った桃を出して剝《む》いてあげた。「おいしい」と言いながらまだ泣いているユミさんを見ながら、タイムマシーンがあったらなぁ、誰か発明してくれないかなぁ、なんてぼんやりと思う。ユミさんのお母ちゃんがどんな人で、どんな声で、どんな顔をしているのか会ってみたい。私と何が似ているのか解明してみたい。

　私が小学二年生の時、ユミさんは大病をして手術をした。結構大変な手術。その時、親戚のおばちゃんたちが病室に入ったら、まだ麻酔で寝ているユミさんの身体を、ユミさんのお母ちゃんが守るようにすっぽり覆《おお》っていたのを見たんだって。信じられないけど確かに見たって言ってた。いいな、私も会いたかったなぁ。

夕暮れの保健室

その日は、サッチャンと学校をサボって私の部屋にいた。雑誌を読んだり、音楽を聴いたりしながら午後の静かな時間を二人で楽しんでいたのだった。ナホコが登場するまでは。

私はよく学校をサボる。卒業式の日に担任のアシカワ先生に「お前が一日中学校にいたことは一度もなかったな」と言われるほど本当によくサボっていた。学校が嫌いだったわけではなく、むしろ好きだった。だから一日中サボるってことはなく、朝ちゃんとした時間に学校に行ったらお昼くらいに一回家に帰ってのんびりして、また放課後に現れる、とか。午前中を家でのんびり過ごして三時間目くらいから授業に出る、とか。学校にはいるものの、女子更衣室や保健室に隠れて過ごす、とか。

学校の近くのバス停からなんとなくバスに乗って駅まで行って、なんとなく電車に乗って湘南の海でぼんやり過ごす、とか。

中学生の女の子が、まだ授業があるような時間に制服姿で海を見つめていてよく補導されなかったと思う。冒険的な気分じゃなかったからなのかな。きっとすごく当たり前の顔をして、当たり前の雰囲気で砂浜に座っていたから、見る人に不審感を与えなかったのかもしれない。なんであの頃の私はあんなに自由だったのか今でもよくわからない。怖いものがなかったからなのか、それとも怖いものだらけだったからなのか。

大抵は一人だった。一人でいるのが案外好きだった。今でもやっぱり一人の時間がないと心がバランスを崩す。それでいて淋しがり屋だから質《たち》が悪いなと思う。学校はいつもそこにあって私がいようといまいと関係なく、決められた時間に始まり、決められた時間にチャイムを鳴らし、決められた時間に終わる。私が行けば受け入れてくれるし、行かなければ放っといてくれるような気がして好きだった。私は学校に甘えていたのだと思う。どっしりといつもそこに存在してくれていることが質の悪い淋しがり屋には有り難かった。

サッチャンは小学生の頃からいちばん仲の良い友達で、よく一緒にいた。明るくて迷いがない感じがして頼もしい友達だった。何を考えているのかよくわからないと親にまで言われてしまう迷いだらけの私なんかと仲良くしてくれてうれしかった。お昼休みはいつもサッチャンのクラスに行ってサッチャンとお弁当を食べる。私は基本的にお弁当を持っていかないので近所のお店で買ったパンを、サッチャンはいつもお母さんが作ってくれるおいしそうなお弁当を食べる。物欲しそうにしているからか、いつも卵焼きとかウインナーとかを分けてくれる心優しいサッチャンなのだった。

その日も一緒にお昼を食べて、

「キョンキョン、今日はこの後どうするの？」

「どうしようかな？　なんかダルいから家に帰ろうかな？」

「うそ、あたしもダルいから一緒に行っていい？」

なんて会話になって二人で家に帰ったのだった。ベッドの上に並んで座って、そろそろ放課後の時間だなぁ、とぼんやり思っていた時に顔面蒼白《そうはく》のナホコが飛び込んできた。

「ナオミが怒ってる。二人を呼んでこいって言ってるよ。どうしよう」

面倒くさいなと私は思った。ナオミはミチヤと付き合っていて、あんまりうまくいってない。私の彼氏と、サッチャンの彼氏とナホコの彼氏とミチヤは仲が良くて、四人でつるんでいることが多く、私とサッチャンとナホコはよくそこに参加していた。この前の日曜日もそのメンバーで原宿に遊びに行ったのだった。ミチヤに、このことはナオミに内緒で、と言われていたから言わなかった。でも、きっとそれがバレたのだ。

放課後の女子更衣室で数人のお供を従えてナオミは待っていた。

「てめぇら、ムカつくんだよ」

きたぁー。なんか安いドラマのようなセリフだと思いながら聞いていた。

「土下座するか、タイマン張るかどっちかに決めな」

あぁー面倒くさい！　と心の中では思っていたのに、

「タイマンでもなんでも張ってやるよ」

だって。口って怖い。心とは裏腹の言葉を吐いたりする。心は澄みきった湖の水面のように冷静なのにあれよあれよとタイマンは始まった。そして終わった。負けた。腕力ねぇ。私の右手の親指は突き指でもしたのか、すごく腫《は》れていてとても痛かった。保健室に行ったらいつも私に「一時間だけだよ」と、ベッドで寝ることを許してくれる保健の先生が、

「バカだねぇ、コイズミさん。こんな小さい身体でナオミに勝てるわけがないじゃない」

と、笑いながら湿布をしてくれた。私はこういう大人の女の人になりたいなぁと、夕暮れの中で涙をこらえながら思った。

次の日ナオミは学校に来なかった。その次の日も。私はナオミをすごく傷つけてしまったことにやっと気付く。明日も来なかったらナオミの家に迎えにいこうと思っていた。次の日ナオミは来た。ギクシャクと「おはよう」と互いに言った。

「ごめんね」の代わりに、私はその日一瞬もサボらずに始業のベルから終業のベルが鳴るまで学校で過ごしてみた。

彼女はどうだったんだろう？

彼女はひどい近眼で、仕事じゃない時はいつも牛乳瓶の底みたいな分厚い眼鏡を掛けていた。レンズを通して小さくなった目がなんとも可愛《かわい》かった。

私たちはテレビ局の楽屋で顔を合わす。私は先輩アイドルで、彼女は新人アイドルだった。あの頃の私たちはいつも疲れていた。仕事はめまぐるしく忙しいし、大人の世界の中でどうしたらいいのかわからなくて怖いことだらけで気持ちはいつも張り詰めていたし、とにかく寝不足でいつも眠くてダルかった。高校の制服で楽屋に現れる彼女も、青白い顔をして「おはようございます」と、小さな声で言った後はひと言もしゃべらず、分厚い眼鏡をはずして鏡に向かい、静かにお化粧を始める。ずっと鏡を見つめて誰かと目を合わせることさえ避けているようだった。

私は二年先輩だったから、その忙しさにも少しだけ慣れて、心だってずいぶん強くなって周りの大人たちにも爽《さわ》やかに生意気なことを言えるようになっていた。私の周りにはユニークな考え方をするいい大人がたくさんいた。彼らは私という人間の個性をちゃんと見てくれていた。子どもだから、アイドルだから、と型にはめて考えることをしないでくれていた。

この子には学校の勉強は必要ないのではないかと、高校の中退を勧められた。私にとってもどっちでもいいことだったから中退することに決めた。そのお陰で、どんなに仕事が忙しくても朝早く学校に行かなくてはいけないなんてことがないので、他のアイドルたちよりも睡眠時間を確保できた。だから、私の顔色は他の子たちよりも青白くなかったはずだ。

学校の勉強は嫌いだった。退屈だった。でも、学校に行かなくなったら勉強することが急に好きになった。学習ドリルをたくさん買い込んで、家に帰ってから勉強した。本もたくさん読むようになった。どこへ行く時も私のバッグの中にはいつも辞書が入っていた。知らない言葉を片っ端から調べてノートに書き写していた。

学校に行かなかったことがコンプレックスになったら嫌だなぁと、心のどこかで思っていたのかもしれない。でも、学校に行っていたらきっと私は勉強が嫌いなままだったと思う。大人たちはそんな私を見抜いていたから学校に行かなくていいと言ったんだ。

彼女はどうだったんだろう？

彼女は時々、ものすごく楽しそうに満面の笑みで話しかけてくれる。やわらかくてふわふわした女の子の笑顔だった。鏡を見つめていたあの顔とあまりにもギャップが激しくて私は少し戸惑うのだけど、今日はいいことあったのかな？　と思いながら一緒にはしゃいだりしていた。彼女がいつもこんな風に笑っていられるといいなと思いながら。それぐらい彼女の笑顔は可愛らしかった。

彼女はどうだったんだろう？

歌を唄う時の彼女はいつもその極上の笑顔でみんなに夢を与えていた。彼女に魅了されたファンの人はたくさんいた。彼女はスターの道を確実に歩き始めていた。

それなのに、ある日突然、彼女は空を飛んでしまった。残念なことに彼女は空の飛び方を知らなかった。

彼女は世の中に大きな衝撃を与えた。彼女を追って空を飛ぼうとする若者たちがいた。あることないこと書き立てるマスコミの雑音がしばらくうるさかった。

彼女はどうだったんだろう？

私は原宿の街を一人で歩いていた。若い男の子が話しかけてきた。

「あっ、キョンキョンじゃん。サインしてよ」

「ごめんね、急いでるし、一人だから騒ぎになったら困るし……」

と、もごもご言いながら躊躇していた私にその子が言った。

「冷たいなぁ、○○ちゃんみたいにビルから飛び降りちゃうぞ」

なんてことを言うんだろう。私はキレた。騒ぎになってもなんでもいい。私はその男の子の胸ぐらを摑《つか》んで、

「なんにもわかってないくせに、人の死を茶化すようなこと言うな。そんなこと冗

談みたいに言うな」

男の子はビックリしていた。そりゃビックリするだろう。あまりの気迫に圧倒されて、

「すいませんでした」

と言って去っていった。


彼女はどうだったんだろう？


夢の中に彼女が現れた。やさしくて儚《はかな》げな笑顔のままで。

「どうしたの？」

私は言った。

「ううん。なんでもないの。ただ少し疲れちゃって。これが私の寿命だったんだと思うの」

静かに彼女が言った。

私の夢の中で、彼女は穏やかに全てを許していた。

「そうなんだ。だったらいいけど、でも淋しいよ」

と私は言った。

うふふと恥ずかしそうに笑った後、

「ありがとう、うれしいです」

と彼女は言った。その声も笑顔と同じでやっぱり可愛かった。

あれからずいぶん時間が経った。少女のままの彼女の笑顔をうらやましく思うほど私もずいぶん年をとった。

原宿キッス

好きだったなぁ、トシちゃん。たのきんトリオのトシちゃん。そういえばトシちゃんは原宿の歌を唄っていた。

スカートのすそ　AH　HA
ヒョイとつまんで　AH　HA
原宿の交差点
あの娘《こ》はタクシー止めたよ

私は、夜逃げをしたことがある。あれ？　この話、前にも言ったっけ？　とにかく中学二年生の時、家を出て六畳一間のアパートに女四人で身を潜めていた時期があった。お風呂も、電話も、テレビもない。本当になんにもない部屋だった。お風呂なんか銭湯に行けばいいんだから、あってもなくてもどうでもよかった。湯冷めして風邪をひきそうになったけど、銭湯帰りに公衆電話のボックスの中で友達と長電話するのもなんだか楽しかった。ただ、テレビがないことだけが悲しかった。悲しいというより悔しかったのかもしれない。私はテレビが好きだ。特にドラマを観るのが大好きだった。

その頃、私にはどうしても観たいドラマがあった。「3年B組金八《きんぱち》先生」。青春バンザイ的なそれまでの学園ドラマとは違って、中学生の妊娠や校内暴力など、あの時代の中学生の抱えていた問題をリアルに描いたそのドラマは大人の間でも子どもの間でも話題になっていた。テレビに映る3年B組の生徒たちとほぼ同世代だった私は、他人事《ひとごと》とは思えない気持ちでテレビにかじりつくようにして観ていたのだった。どこか陰がある少年、沢村正治という役をトシちゃんがやっていて、幼い私の胸をときめかせたりしていたのだ。だから、続きが観られないと思うとすごく腹立たしい気分になった。

そんな娘を見兼ねて母が中古屋さんでテレビを買ってきてくれた。ラジオみたいなアンテナがついているテレビだった。アンテナを伸ばして角度を調整してチューニングする。アンテナを握っていると良く映ったりするから、アンテナを握りしめたまま不自然な体勢で画面を観たりして肩がこった。

刺激的だね　AH　HA
ポニーテールさ　AH　HA
すける程　うすいシャツ
ゆらめき　なまめき　ときめく

金八先生の中では、中学生の女の子が同級生の男の子に恋をして、妊娠して、みんなの助けを得て出産をする。実際、私の周りでもそういう事件は起きていた。誰かが妊娠したからとカンパの紙が授業中にまわってきたことがある。頭の中ではその事態を理解していた私だったけど、夢の中のことのようで全くリアルに感じられなかった。私はまだ恋をしたことがなかったのだ。

待ちぶせして　お茶しないと
まじめに迫る　I love motion
だめなら肩　ふいに抱いて
口唇《くちびる》奪う　原宿　motion

トシちゃんのポスターや雑誌の切り抜きを部屋の壁に貼《は》ったり、初回限定のピクチャーレコードを予約して買ったり、ドラマを観て胸を焦《こ》がしたりしていた私は、普通にオクテの中学生だった。長いスカートを穿《は》いて、髪の毛をくるくるドライヤーでブローして、色付きのリップをつけて、紫色のアイシャドウをうっすら塗って、精一杯大人ぶっていたけど中身はスカスカだった。

AH　どっちがいい
なんでもいいから　一度お願いしたい

「私、妊娠しちゃったかもしれないから、病院に一緒に行ってくれない」

と、友達が言った。私はすごく動揺した。産婦人科なんか行ったことないし、近所の人に見られたりしたら誤解されるかもしれない。親にバレたらなんて言えばいいんだろう？　できることなら断りたかった。でも、友達は本当に困っているのだ。私は心の中の動揺を悟られないように、

「いいよ。行ってあげるよ」

と言った。

待合室ではできるだけお行儀よく振る舞った。でも、私はあくまでも付き添いですよ、みたいな顔は友達のことを思うとできなかった。友達の名前が呼ばれて、診察室に入っていった。私はドキドキしていた。ドキドキしながら全てがスローモーションみたいに感じる時間だった。

Woo　恋し　恥ずかし　原宿キッス
Woo　恋し　恥ずかし　原宿キッス

結局、友達は妊娠していなかった。私は全身の力が抜けるほど安心したのに、友

達は少し残念そうな複雑な顔をした。恋をしたことがない私にはその顔の意味がわからなかった。

家に帰ってポスターを眺めながら、私はまだしばらくトシちゃんに恋をしていればいいや、と思った。

天使に会ったのだ

原宿の黄色いマンションに住んでいた時、すぐ近所のレンガ色のマンションにボーイフレンドが住んでいた。

映画のビデオや洋楽のレコードがたくさんある部屋だった。その頃流行《はや》っていたホラー映画を観てキャーキャー騒いだり、好きな曲だけを選曲してカセットテープにダビングしたりして遊んでいた。その時、私は十八歳。恋というより、親友と過ごすみたいな楽しい時間だった。

田舎から彼のお母さんがやってくることもあって、そんな時も私はよく一緒にいた。三人でご飯を食べたり、お母さんと私でスーパーに買い物に行ったりした。ショートカットのキレイな人だった。優しい人だった。

二年くらい続いたかな。その後、理由なんて忘れてしまったけれど、なんとなくボーイフレンドと私は会わなくなった。

七年後、私は仕事で彼の故郷にいた。ライブの初日の控え室で緊張していた。その日の明け方に、私は父の死に立ち合っていたのだった。

お腹《なか》が痛いと病院に行った時にはもう末期のガンだった。手術までひと月掛かると言われ、入院してからずっと絶食しなければならず、点滴だけで生きていた。やっと手術の日がきたが、持病の糖尿病のせいもあって術後の経過は非常に悪かった。肺炎にもなりかけていた。喉《のど》に穴を開けてそこから痰《たん》を吸引しなくちゃならなくなって、もうしゃべることすらできない状態だった。今夜が危ない。今夜が山です。危篤《きとく》です。毎日そう言われるから、毎日車を走らせて病院に通った。東名高速道路の厚木インターチェンジを下りて、その病院に曲がる交差点に差し掛かると、今でも少しだけ胸が痛くなる。

人の死は、思っていたよりずっと静かで穏やかなものだった。さっきまで痛みに苦しんで壮絶な表情をしていたのに、息を引き取る時には優しく穏やかで、生まれたばかりの赤ん坊のように無垢《むく》な顔で旅立っていく。受け止める私たちの心もとっても静かで神聖な気分だった。

明け方の三時くらいだったと思う。それから葬儀屋さんに電話したり、喪主を誰にするか話し合ったり、父を家に帰したり、親戚に連絡したり、みんなバタバタと慌《あわ》ただしく動いていた。一段落してお茶でも淹《い》れようかとやかんを火にかけた姉が急に何かを思い出したように大きな声を出した。

「あれ、あんた今日からライブって言ってなかった？　どっか地方に行くんだよね。時間は大丈夫なの？」

時計を見たらもう朝の六時。ヤバい、八時に東京の自宅にマネージャーが迎えにくる。再び東名高速を走っている時、さっき起こった全ての出来事が他人事《ひとごと》のように感じられて、自分の心なのにすごくよそよそしくて不思議だった。

マネージャーにだけその出来事を伝え、他のスタッフやミュージシャンたちには内緒にしてくれとお願いした。

控え室で、何も知らされていない衣装やメイクのスタッフと普通に笑いながら世間話をしている時だった。マネージャーが入ってきて、

「どうしても面会したいという方がいらしてるんですけど、どうしましょう？」

と言った。名前を聞いたら、なんと懐《なつ》かしいあのボーイフレンドのお母さんだった。彼に会わなくなって、連絡も取り合っていなかったから本当に突然の訪問だった。目の前に現れたお母さんは膠原病《こうげん》を患《わずら》ったらしく、車椅子《くるまいす》に座っていた。幼い頃に被爆したと聞いたことがあった。ショートカットのキレイなお母さんとは別人のようだった。話すこともできなくなってしまったらしく、私の顔を見た途端に何度も大きく頷《うなず》きながら子どもみたいにワンワン泣いてくれた。声を掛けても何をしてもずっと泣いているから、私はお母さんを抱きしめることしかできなかった。抱きしめたらまた更に大きな声でワンワン泣いていた。うれしくて有り難くて私もワンワン泣いた。

神様が天使を私の元に連れてきてくれたのだと思った。ずっと音信不通だったけれど、私はこの街を毎年のように訪れていた。会おうと思えばもっと早く会えたはずだった。このタイミング、今日のこの日に車椅子に乗って私に会いに来てくれた。泣いてくれた。抱きしめさせてくれた。天使にしか見えなかった。私の心はちゃんと私の元に戻り、さっきまでフワフワと宙に浮いているみたいだった足下はしっかり地面を踏みしめている。ライブが始まっても私の心は落ち着いていて、唄うことをちゃんと楽しめた。

数年後、あのお母さんも天国に旅立ったと知らされた。うちのお父さんと天国でばったり会ったりするのかな。もし会ったらお父さんはちゃんとお礼を言ってくれるかな。無口でいつも仏頂面をしているような人だったけれど、肝心な時には頼りになる人だったから大丈夫かな。

チャリン、チャリン、チャリン

テレホン歌謡曲を聴く時は、この缶に三十円入れること。

お歳暮で貰《もら》った永谷園《ながたにえん》のお茶漬けが入っていた円筒形の缶に、手書きで書いた紙が貼ってある。父が書いたものだ。お茶の間のサイドボードの上の電話の横に置かれたその缶の中にチャリンチャリンと三十円を入れ、私はダイヤルを回す。

そう、電話はジーコジーコとダイヤルを回す昭和の時代の話。

便利な世の中になったなぁ、と時々しみじみと思う。今思えば、私が子どもの頃にはなんにもなかった。電話が初めて我が家にひかれた日を憶《おぼ》えている。全自動洗濯機がきた日も、電子レンジがきた日も、家の前の道路がアスファルトに舗装工事された日も、父がテープレコーダーを持って帰ってきた日も。

電話がきた日には、母からレクチャーを受けた。まず、「もしもし、コイズミですけど、どちらさまでしょうか」と言う。父への電話ならば「父は会社に行っています」、母への電話には「母は今、出掛けています」と言えばいいと教えられた。私は何度も声に出して練習した。

数日後、一人で留守番をしている時に電話が鳴ってしまった。

「もしもし、コイズミですけど、どちらさまでしょうか」

「あぁ、キョーコちゃん？　スミエおばちゃんだけどお姉さんいる？」

「母は今、出掛けています」

いつも普通にしゃべっているスミエおばちゃんにマニュアル通りの返事をして大笑いをされた思い出がある。

全自動洗濯機がきた日には、グルグル回る洗濯機が面白くてずっと眺めていたし、電子レンジがきた日には、どうしても何かを温めてみたくてコップに水を入れてお湯になるのか試してみた。固まりきっていないアスファルトの嫌な臭《にお》いに大袈裟《おおげさ》に鼻をつまんでおどけてみたし、テープレコーダーに録音された自分の声は別人みたいで変な感じがした。

その後、水洗トイレ、エアコン、ラジカセ、ビデオデッキ、留守番電話、次々と我が家に文明が入り込んできた。

今は小学生でも自分用の携帯電話を持つ時代だけれど、昭和の家には黒いダイヤル式電話が一台あるだけだった。しかもそれはたいていお茶の間に置いてある。友達や好きな男の子との電話も家族みんなに聞かれてしまうので長電話なんてとんでもなかった。明日、どこどこに何時とか、そういう最低限の連絡事項を伝えるためだけに電話を使っていた。

ある日、雑誌をパラパラ見ていたら、ビクターテレホン歌謡曲、好きな歌手の新曲とメッセージが聞けます、という広告を見つけた。ビクターといえば憧《あこが》れのアイドル石野真子《まこ》ちゃんのいるレコード会社だ。私はどうしても電話をかけてみたくなって家に誰もいない時にこっそりダイヤルを回してみた。

「お電話どうもありがとう。石野真子です。一月一日に新曲が出ました。『春ラ！ラ！ラ！』聴いてください」

春という字は　三人の日と書きます
あなたと　私と　そして誰の日？

あなたが好きになる前に
ちょっと愛した彼かしら

会ってみたいな久しぶり
あなたも話が合うでしょう

三人そろって春の日に
三人そろって春ラ！ラ！ラ！
何かはじまるこの季節
三人そろって春ラ！ラ！ラ！

本当に真子ちゃんの声だった。やっぱり声もすごく可愛かった。大人になった今、私は冷静に思う。なんちゅう歌詞じゃ！　なんちゅう小悪魔じゃ！　でも、当時の私はキュートな真子ちゃんの声が聞きたくて何度も何度もテレホン歌謡曲に電話をかけていたのだった。

で、永谷園の缶なのである。そんなことはもちろんすぐに家族にバレる。父からの一回三十円の徴収が始まる。歌舞伎《かぶき》カラーのお茶漬け缶はしばらく電話の横に設置されていた。

数年後、私は歌手を発掘するオーディション番組に出演する。もちろん石野真子ちゃんの曲で挑戦だ。なぜかとん、とん、とん、と勝ち抜いてデビューが決定。偶然にも真子ちゃんと事務所もレコード会社も一緒になった。なんだか運命を感じた。デビュー曲が決まり、原宿のピアザビルのビクター会議室で録音機材の前の私。「お電話どうもありがとう。小泉今日子です。三月二十一日にデビュー曲、『私の16才』聴いてください」みなさん応援してください。それでは私のデビュー曲、聴いてください」

人生って不思議。録音している私の頭の中は鮮やかな歌舞伎カラー。そして三十円が缶底に落ちてゆく音が鳴っていた。チャリン、チャリン、チャリン。

海辺の町にて

海辺の町で暮らし始めて数カ月が経《た》った。海と自然は豊かだけれど、東京と比べるとやっぱり不便なことが多いなぁ、と思う。この町に一軒だけある小さな本屋さんへ行くのにも車やバスに乗るしかない。薬局や病院だって歩いていける場所にはないのだ。本当に不便だと思う。でも、今はそれが楽しくてたまらない。

三十年も前の話だから、もちろん時代もあったとは思うけれど、私が育った町もこんな風に不便だった。駅の近くだけは栄えていたけれど、私が住んでいたのは田んぼと畑の田園風景の中だった。バス停まで徒歩十五分、駅までバスで三十分。本を買うにもレコードを買うにも何を買うにもバスに揺られて行った。

帰りが遅くなると夜道はもう真っ暗で、さっきまで暖かそうな赤色に染まっていた空に、突然なんの前触れもなく冷たくされたような、なんとも言えない不安な気持ちになる。家までの道を歩いていると、一緒にバスを降りた男の人の靴音が後ろから聞こえてくる。女だったら誰でも経験があると思うけれど、その音が妙に恐ろしく感じる。恐ろしいと感じている私、恐ろしいと感じているだろうなと思って気を使いながら歩いてくれている男の人の靴音は、距離を縮めることも離すこともできないまま三つ目の角まで続いた。

最後の角を曲がって十軒先に我が家の灯りが見えるとなぜだか無性に淋《さび》しくなる。一刻も早くあの灯りの中に入りたいと思う。だから、最後の角を曲がるといつも私は全速力で走り出す。

「ただいまぁ」

と元気よく玄関に飛び込むと、ヒロコ姉ちゃんに、

「何息切らしてんの？　あんたってバカみたい」

と、いつものように冷ややかに言われた。

東京の街は夜でも明る過ぎて、街路樹たちが光合成をうまくできず狂い咲きをし

ている。十五年くらい前にそんな記事を新聞で見つけた。飲食店のネオン、コンビニの蛍光灯、自動販売機の光、行き交う車のヘッドライト。どんなに深夜に歩いていても東京の夜道を怖いと思ったことはなかった。それとは逆に、満月の月明かりがびっくりするほど明るいことも東京にいる時には気付かなかった。

海辺の町での初めての大晦日《おおみそか》は見事な満月だった。海の上に真っ直《まっす》ぐな光の道ができて、歩いて海を渡れるんじゃないかと思うくらい確かな光だった。星もたくさん瞬《またた》いていた。オリオン座、カシオペア座、北斗七星。英語塾の帰り道に友達と星座を見つけながら歩いた冬の日。ドキドキしながら初めてボーイフレンドと手をつないで一緒に帰った冬の日。この町に来て空を眺めていると、まだ何者でもなかった頃の自分のことをよく思い出す。思い出を肴《さかな》にちびちびとお酒を飲みながら年を越すなんて、まるっきりオジさんのやることだと心の中でクスッと笑いながら、明け方まで過ごしてしまった。月はずいぶん遠くにいって、もうすぐ朝日が反対の方からやってくる。

西から昇ったお日様が　東へ沈む

ふと、「天才バカボン」の歌を思い出して唄《うた》ってみる。声を出してみると、さっきからちびちび飲んでいたお酒にいつの間にか酔っていたみたいで、ヘラヘラ笑いながらベッドにもぐり込んだ。

目が覚めると新しい年が始まっている。うおぅ、富士山。明けましておめでとうございます。天気のいい日はこの部屋から富士山が見えるのだ。近所の神社に参拝客が歩いていくのも窓から見える。

お正月にはいつも新しい洋服を着せてもらった。どこにも出掛けないのに新しい服を着て並んだ家族の食卓で、おせち料理を前に、母が「明けましておめでとうございます。今年もよろしくお願いします」と少し気取った顔で言うのがおかしくって、毎年心の中で笑った。

お雑煮とおせちを食べ終えると、父がお年玉をくれる。三が日を過ぎると姉と一緒にレコード屋さんに行って、欲しかったアルバムを買う。大晦日に「ニューイヤーロックフェス」をテレビで観《み》ていてアナーキーがカッコよかったから今年はたぶんアナーキーを買うと思う。バスに揺られて買いにいく。原宿に行ってクリームソーダでお揃《そろ》いのお財布を買う約束を友達としたから残りはその時までとっておこう。

ここに来てからいろんなことを思い出す。思い出すというか、よみがえる。遠い過去の記憶という感じじゃなく、私の中に眠っていたものが目を覚ますような感覚。懐かしむというより、寄り添う感じ。過去と今が同時に動いているような不思議な気分。やがて今も過去になって、この海辺の町での生活を私はどこで思い出すのだろう。ずっとここにいたりして？　いやいや、意外と海外生活していたりして？　初心に戻って生まれた町？　青春時代を過ごした原宿辺りに住んでいるかもしれない。青春かぁ。原宿かぁ。

十八歳から二十一歳までの四年間、私は原宿にいた。仕事したり、恋したり、勉強したり、悩んだり、怒ったり、泣いたり、笑ったり、パワフルだったなぁ。初体験だらけだったもんなぁ。あの頃の記憶を思い出すだけで体力消耗しそうで怖い。

ラブレター　フロム

引っ越しをするので荷物の整理をしていたら懐かしい過去がいろんなところからヒョコッと顔を出した。アルバムに貼られていない写真があちこちの引き出しの中から発掘されたり、ジーナ・ローランズの特集に感動して取っておいた古い雑誌とか、プレーヤーを持っていないので聴くことのできないアナログ盤とか。

寝室の収納戸棚のいちばん奥に見覚えのある懐かしい物が。確か二十年くらい前にキラー通りのオン・サンデーズで買った緑の布張りの箱。オン・サンデーズっていうのはオシャレな洋書屋さん。本はもちろん、雑貨や文房具のセレクトにもセンスを感じるお店だったからしょっちゅう行っていた。緑の箱の中に何を入れたかも忘れてしまっていた私は、ほんの少しドキドキしながら箱を開けた。

中から出てきたのは懐かしい手紙の束。海外旅行中の友達からの絵葉書には、

「今、インドです。ここに来て生きることと死ぬことは結構近くにあるような気がしてきました。帰ったら話聞いてね」

とか、

「パリに来ています。昨日、ジンガロという馬のサーカスを観て大感動！　キョンちゃんにも観せたかった。来週東京に戻ります。ゴハン行こう！」

とか。

私の青春時代には携帯電話もパソコンも普及していなかったから旅行先から絵葉書を送ったり、普段のやり取りもＦＡＸを使ったりして、手書きのコミュニケーションだったのだ。私も旅先からよく絵葉書を送っていた。

原宿のマンションに住んでいた頃、ポストにエアメールの絵葉書が届いた。うん？　なんか見覚えがある。そうだ！　私、ロンドンから自分に絵葉書を送ったんだった。帰国してから一週間以上経っていてすっかり忘れていた。

小泉今日子様

「今、ロンドンです。このハガキはあなたよりも先に東京に着くのでしょうか？　こんな物出したことも忘れて、ポストを開けてビックリしたりするのでしょうか？　ロンドン、楽しかったね」

だって。

さすが自分。ポストを開けてビックリすることをちゃんと予言している。読み手側になった時にあんまり恥ずかしくならないように配慮されている文章が余計に恥ずかしい。ていうか、自分で自分に手紙を出すこと自体、恥ずかしくて気持ち悪いわぁ。こんなの誰かに見られたら恥ずかしくて生きていけない。死後の遺品の中から発見されても恥ずかしくて死にきれない。もちろん、ビリビリに破ってすぐに捨てました。

忘れられない手紙。これを貰っちゃったことで私は何をしていても、いつどこにいても、一生この言葉が頭にチラつくんだろうなぁ、と思う文面がある。

「芝居でも文章でも、〈巧さ〉の先には、あまり広い世界はありません。毎日、もっとびっくりしたり、ときめいたりしてください。お元気で」

恩師と呼べる唯一《ゆいいつ》の存在、演出家の久世光彦《くぜてるひこ》さんからの手紙。小手先だけで上手に立ち回ってしまっている時、いつも空の上から聞こえてくる言葉。

二十二歳の誕生日に当時のボーイフレンドから貰った手紙は、内容というより、趣向が楽しかった。誕生日当日、仕事で海外にいた彼から国際電話。

「誕生日のプレゼントはもうお前の部屋に隠してあるよ。ヒントは読書。がんばって見つけな。じゃあね」

ガチャン。

読書……。読書？　いつもベッドで本を読むから寝室かな？　いくら探しても出てこない。本棚かな？　あれ？　ケースに入っているはずの本が外に出されて、ケースの隣に並んでいる。やっぱり！　空になったケースの中にありました。なんと便箋《びんせん》七枚に及ぶラブレター。うれしかったぁ。その晩、何度も何度も読んで。次の日の昼間も散歩に行った公園のベンチで何度も読んで。また寝る前にベッドで読んで。そんな日が何日か続いた。

あんなに何度も読んだのに内容は全く覚えていない。恋って終わるから。終わった時にそういう物全部処分しちゃうから。取っておけばよかったなと思うけど、その時の私は前に進むので必死だったもの。庭で手紙を燃やして失恋の儀式。すっかり灰になりました。

年賀状も書かない怠慢な私だけれど、手紙っていいよねと思う。誰かに手紙を書きたいな。誰かに手紙を貰いたい。自分からのあの恥ずかしい手紙は二度と貰いたくないけどね。

愛だの　恋だの

表参道のハナエモリビルが取り壊されるらしい。空っぽになったガラス張りのビル、なんだか淋しい。あの前を通るといつもユミさんを思い出す。

私が子どもの頃に、ユミさんが大好きだったデザイナーは森英恵《はなえ》さん。ハンカチやスカーフなんかをいくつか持っていた。いちばん気に入っていたのは紫のニットのセーターとスカートのセットで、もちろん蝶々《ちょうちょう》のデザインだった。大人の女って感じで私もその服を着ている時のユミさんが好きだった。

あの頃、なぜかユミさんは紫と黒の服しか持っていなかった。お母さんというより、女という感じのオシャレをビシッと決めているような人だった。それは娘の私にも少し遺伝しているようで、クローゼットの中は若い頃から黒い服だらけ。小物はついつい紫を選んでしまう傾向にある。前にテレビで美輪明宏《みわあきひろ》さんが「黒い服ばっかり着ていると幸せになれない」って言っていたような気がする。

いや、幸せよ、私はいつも。仕事も人生も楽しいもの。ただ、愛だの恋だのが少し不得手《ふえて》な気がする。いやいや、若い頃は愛だの恋だの人並みにしていたか。ここのところめっきり消極的だなぁ。なんか面倒くさい、一人がいちばん楽なんて思ってしまっている。これってヤバいっすよね？　だから最近、意識的に明るいキレイな色を選ぶように心掛けている。まずは下着からと、ピンクとかブルーとか赤とかグリーンとかキレイな色の上下セットをデパートで買い揃えてみた。引き出しの中がカラフルになって、朝のシャワーを浴びた後、下着を選ぶ時にちょっと楽しい気分になる。でも、洋服はまだ真っ黒だらけ。長年の間に染《し》み付いた趣味嗜好《しこう》はなかなか変えられないよね。


あの蝶々のニットはまだ実家にあるのだろうか？　今着ても、いや、今着たらカッコイイかもしれない。ユミさんは物を捨てられない病だからまだあるかも。どうしても今すぐにそれを確かめたくなって、私は実家に向かって車を走らせた。

実家に着いたら、ユミさんが白いシャツの下にカラフルなラインストーンで刺繍《ししゅう》された大きな蝶々がついたキャミソールを着ていた。蝶々つながり？　と少し笑った。ユミさんは何を笑われているのかわからなくてキョトンとしていた。おばあちゃんになってからのユミさんは鮮やかな色の服を好んで着るようになった。昔はすごく細い人だったけど、今はふっくらふくよかなカワイイおばあちゃんだ。今年、甥《おい》と姪《めい》に赤ちゃんが生まれたから、ユミさんももう曾祖母《そうそぼ》だもんなぁ。ふくよかな身体《からだ》と比例して心もどんどん角が取れて丸くなっているような気がする。かつては紫と黒しか着なかった女が、孫にプレゼントされたしゃべる人形プリモプエルとお話ししたりしてるんですのよ。まぁ、微笑《ほほえ》ましいが。

さて、蝶々のニットを探そうと、一階の和室へ。あれ？　見慣れない古い箪笥《たんす》が置いてある。

「ナニこれ？」

とユミさんに聞くと、

「あぁ、この間、丸子のおばあちゃんが亡《な》くなったでしょ。それで形見分けをいただいたの。いい箪笥でしょう？　あと、バッグとかサングラスとかね。センスのいい人だったから。ほら、素敵でしょ。着物や洋服はサイズが合わないもんね。おばあちゃんは小柄だったから」

丸子のおばあちゃんというのは、母方の祖父、ケンザブロウさんの恋人だった人。紫が好きで、いつ会っても着ている物も、持ち物もほとんどみんな紫だった。一色使いでオシャレをするのはきっと難しいはずなのに、いつもキレイでオシャレな印象の人だった。ユミさんの紫好きは丸子のおばあちゃんの影響だったのかもしれない。ケンザブロウさんは私が小学六年生の時に他界したのだけど、これがね、理想的な最期《さいご》なの。


暑い夏の日でした。ケンザブロウさんはお昼に素麺《そうめん》か何かをいただいてから、いつものように布団《ふとん》に横になってお昼寝をしました。暑いだろうと丸子のおばあちゃんもいつものようにうちわで優しく扇《あお》いであげていました。寝しなに、

「いつもありがとなぁ」

と言ってケンザブロウさんは夢の中へ。おばあちゃんはうちわを扇ぎながら、

「この人の唇ってキレイな赤い色だなぁ」

とぼんやり唇を眺めていました。しばらくしてハッと気付くと、あれ？　さっき

まで赤かった唇が赤くなくなっています。慌てて頬を触ってみたらケンザブロウさんはすでに冷たくなっていました。

ひとつも苦しむことなく、最愛の人に見守られ、最期の感謝の言葉もちゃんと残して死ねるなんて最高だと思わない？　ケンザブロウさんは優しくてハンサムだったから愛される人だったのだろう。人を愛して、人に愛されて、そういうことをきちんとできた人は幸せに死ねるのかもしれない。家族がいるのに恋をして、周りは相当苦労したと思う。ユミさんを見ているとそれは感じる。でも、愛だの恋だのを貫く力って案外無垢なものなのかもしれないとケンザブロウさんの最期の話を聞いて思った。愛だの恋だのねぇ、まだまだ迷子の私ですわぁ。

結局、あの蝶々のニットは見つからず、明日、デパートへ行ってキレイな色の服を買おうと心に決めた私でした。

ただの思い出

お昼前に目覚めて、天気は良いし、仕事は休みだし、ドライブがてら実家の厚木にでも帰るかと急に思い立った。平日のこんな時間は東名高速も渋滞していなくて気持ちが良い。


「もうすぐ誕生日だけど、十八歳になったら何がしたい？」

「車の免許が欲しい！　で、ホンダのステップバンを買いたい！」

「へぇー、あれが欲しいんだぁ。色は決めているの？」

「絶対、赤！　で、コカ・コーラのシートみたいなのを後ろの窓のところに挟むの。あれって売っている物なのかな？　この間、湘南のサーファーのオネエさんがそうしていたのを見かけたの。すごく美人だったし、カッコよかったの」

「赤いステップバンってすごく今日子ちゃんっぽいよね。がんばって教習所に通って免許取ってね」
「はーい。がんばりまーす」

アイドル雑誌のインタビューで宣言した通り、十八歳になってすぐに教習所に通った。S字カーブで脱輪を繰り返し、仮免に三回落ちたけど、四回目の時に座布団を持っていったら簡単に受かった。背が小さいから座高も低く、S字のカーブが見えていなかっただけだったのだ。それ以外の試験はトントンとクリアして、私は念願の普通自動車運転免許証を手に入れたのだった。憧れの赤いステップバンはなぜだか事務所に猛反対されて断念したのだけれど、あれから二十数年間、運転歴は続いている。

ドライブは好きだ。特に一人で運転しながら音楽を聴くのが好きだ。周りの景色がビュンビュン過ぎていって、それが音楽とリンクしていく感じ。若い頃はボーイフレンドが選曲してくれたカセットテープをガチャンと差し込んで聴いていた。レコードから好きな曲をダビングして作ったオリジナルカセット。インデックスも手書きで、男の子らしい雑な文字が並んでいた。A面とB面が切り替わるちょっとした無音の時間が切なかった。

　私の青春時代の恋はいつも秘密だった。こっそりとひっそりと温めるしかなかった。彼から貰ったカセットを聴いている時はそばにいるように感じられてうれしかった。その時だけ自分が普通の年相応の女の子だってちゃんと思えて幸せだった。車の中でも電車の中でも、海外で仕事をしている時も、いつでも聴いていた。耳にタコができるくらいに。だから、A面とB面の間の無音の時間は、一瞬で現実に引き戻されて、目に見える物も、聞こえる音も、急に生々しく感じられて嫌だった。

　平日、午前十一時の東名高速は案の定渋滞なしの快適ドライブ。FMからスパンダー・バレエの「トゥルー」が流れている。一九八三年のヒット曲は、二〇一〇年、四十四歳になった私の胸までキュンとさせる。ラジオを聴いていると、こうやって不意打ちを食らうことあるよね。一瞬であのインデックスの文字まで頭に浮かんでくる。でも、このキュンはもはや恋心ではなく、ただの思い出だ。時が過ぎるってそういうことだ。海老名《えびな》のコカ・コーラの工場の看板が左側に見えてくる。もうすぐ厚木インターチェンジだ。高速を降りて、コンビニで飲み物を買う。ついでに携帯電話でヨーコ姉さんに電話をする。

「キョーコだけど、急に思い立って、今、厚木の高速降りたとこ。あんた何してるの？」

「あぁー、なんだぁ。あんた仕事が忙しいと思ってたよ。今から行くよ」

「えっ？　どこに？」

「どこにって。だから帰ってきたんじゃないの？　今日、何日か言ってみな」

「十一月十五日……だよね。あっ！　そうか、命日かぁ」

「うふふ、またお父さんに呼ばれたね。いいから早くおいで。みんないるよ」

電話を切って、また走り出す。次の信号を左に曲がると最後に父が入院していた病院がある。毎日そこに通って看病をしていた。病に苦しむ父の顔を毎日見ていた。父が死んで、しばらくはこの信号を見ても胸が痛かった。でも、十七回忌も済んだ今、もう胸はほとんど痛まない。ただの思い出の信号。時が過ぎるっていうのはそういうことだ。

だが、父はただの思い出にされちゃ困るとでも思っているのか、命日さえも忘れがちな末娘はこうして毎年呼び出される。去年も一昨年《おととし》もそうだった。こっちは忘れているのに、あっちは絶対に忘れない。今でも私は父に甘えくさっているのかもしれない。でも、それはなんだかうれしい感覚で、毎年こうやってうっかり忘れていたいとも思う。

お墓参りを終えて、みんなでお昼を食べて、ゴロゴロして、夜は出前のお寿司《すし》を食べた。普通の年相応の中年気分を満喫した。

夜の高速道路に戻った時、ＦＭからはジェヴェッタ・スティールの「コーリング・ユー」。また胸がキュン。雪の降る日に原宿の公園で温かい缶コーヒーを一緒に飲んだ人が頭の中で微笑んでいる。でも、これもただの思い出だ。

飛行機の音　ラジカセの音

飛行機の音を聞いていた。退屈でぼんやり窓の外を眺めていた授業中、校庭でひなたぼっこをしていた休み時間、友達と田んぼの畦道《あぜみち》を歩いていた帰り道。空の上から聞こえるギーンという大きな音。見上げると思ったよりも小さな飛行機が、思ったよりもゆっくりと動いている。旅客機よりもっと音の高い軍用機のギーン。マッカーサーがレイバンのサングラスをかけて第二次世界大戦の終わりを告げに降り立ったことで有名な米軍厚木基地。でも、実際には厚木市に基地なんか存在しないっていう不思議なからくり。それでも、飛行機の音は聞こえていたし、町でアメリカの兵隊さんをよく見かけた。

兵隊さんの隣には、いつもキレイな日本人のお姉さんが、幸せそうな顔をして太くて逞《たくま》しい腕にぶら下がるように腕を組んで歩いていた。そんなカップルに遭遇すると子どもたちは大喜びで「わぁー！　外人さんだぁ！」と、無邪気に駆け寄った。外人さんは「ハーイ！　カワイイベイビーネ」と、ホッペタを撫《な》でてくれたり、ヒョイと高く抱き上げてくれたりした。それを見ているキレイなお姉さんはいつも優しく微笑んでいた。子どもの親たちは決して近づかず、心配そうに、複雑な表情で少し離れたところから見守っていた。

商店街の真ん中辺りには、いつも松葉杖《まつばづえ》をついた片足の傷痍《しょうい》軍人が白い服に軍帽をかぶって募金箱のような物を首から下げて立っていた。小さなラッパを吹いていたような記憶がある。私はそこを通るのが怖くって母の手をギュッと握って通り過ぎた。戦争が終わってずいぶん経ってから生まれたように思っていたけれど、たかが戦後二十年だったのだ。

私の両親は共に子ども時代に戦争体験をしている。学童疎開《そかい》をしたり、栄養失調になった話をよく聞かされた。「電気のついた明るい部屋で白いご飯を食べられるなんて幸せなことなんだよ」と、よく母が言っていたけれど、遠い昔話を聞いているようで、ピンとこなかったのを覚えている。私が育った昭和は豊かだった。でも、まだ戦争の匂《にお》いが残っていた。沖縄はまだ日本に返還されていなかったし、中国も韓国も今よりずっとずっと遠い国だった。

年頃になって、朝シャンをしたり、リップクリームを塗りたくったり、くるくるドライヤーで髪をブローしたり、テレビの中のアイドルに恋をしたり、そんなことをしているうちに戦争の匂いはすっかりしなくなっていた。いつの間にかアメリカ兵も傷痍軍人も町から消えていた。とっくに消えていたのかもしれないけれど、消えたことにすら気が付かないくらい、私は豊かな時代にはじけるほど楽しい青春を過ごしていたのだと思う。飛行機の音も、今はもうそれほど聞こえない。

はじけるほど楽しい青春時代の遊び場が原宿だった。毎週日曜日に友達と電車に乗って遊びにいく。あの頃の原宿は賑《にぎ》わっていた。日曜日は代々木公園の横の道から表参道まで、車両進入禁止の歩行者天国だった。オシャレをした若者たちが溢《あふ》れんばかりにブラブラ歩いていた。参道側ではファッションブランドがショーを開催し、美しいモデルさんたちが前衛的なファッションに身を包み、ランウェイウォーキングをしていたりした。代々木公園側は竹の子族やローラー族がラジカセでそれぞれの音楽を流して踊っていた。友達はみんな竹の子やローラーのチームに入っていたから、駅に着くとすぐに代々木公園のフェンスの脇《わき》で目立たないようにさっとチームのユニフォームに着替え、踊りの輪の中に走って消えていった。私は一人で竹下通りをブラブラしたり、彼らの踊りを見物したりして過ごした。

みんなそんなにお金を持っていなかったから、買い物もせず屋台のクレープと身体に悪そうな色をしたソーダだけで我慢していた。だから帰りの電車の中では「あぁー、お腹空《す》いたぁ」とか「今日うちのご飯何かなぁ」とか「唐揚げ食いたーい」とか「あたしはハンバーグ」などと口々に空腹を訴えていた。

私たちが踊っていた（正確には私は踊ってはいないのだけれど）歩行者天国の横にある代々木公園の辺りは、戦後、ワシントンハイツという進駐軍のための兵舎だったらしい。最近読んだ、有吉佐和子《ありよしさわこ》の『非色《ひしょく》』という小説の中にそれが出てきて驚いた。原宿で遊んで、原宿で暮らして、そして今また原宿を定点観測しているのだけれど、そこまで歴史を遡《さかのぼ》ったことがなかった自分にも驚いてしまった。私が知っているいちばん古い原宿は、七〇年代初頭、当時のクリエイターたちが溜《た》まり場にしていた、年上の人たちに原宿の話を聞くと必ず登場するレオンという喫茶店。それよりも前の原宿のことを考えたこともなかった。ただの静かな野っ原だったたんじゃないかと想像していた。

急げ！　私。今ならまだワシントンハイツのことを覚えている人生の先輩がどこかにいるはずだ。GIたちが原宿の街を歩いていた様子を聞いてみたい！　知りたい！　匂いは消えても記憶や記録はずっと残っていく。残していかなきゃいけないのだ。だから、〝急げ！　私〟なのだ。

母と娘の喫茶店

ユミさんはコーヒーが好きである。私が子どもの頃は、毎日必ず一度は喫茶店に行き、カウンターで細いメンソールのタバコを燻《くゆ》らせながら、ブルーマウンテンやマンデリンが出てくるのを待っていた。買い物に駅の方まで行った時にはこの喫茶店、家の近所ならこの喫茶店と何軒かの行きつけのお店があったようだった。

私は末っ子だったから姉たちよりも早く学校から帰ることが多く、そういう時にはユミさんの喫茶店にお伴《とも》することができたのだった。「子どもにはコーヒーは毒だから」と言って、私にはいつもオレンジジュースを頼んでくれた。喫茶店で飲むオレンジジュースは、いつも飲んでいる瓶入りのジュースよりも何倍もおいしくてうれしかった。

ユミさんがゆっくりとコーヒー&シガレットの時間を楽しんでいる間、私は本棚に置いてある少年チャンピオンを読む。「がきデカ」「ドカベン」「マカロニほうれん荘」「ブラック・ジャック」と、好きなマンガだけをパラパラと選んで読んだ。

私がマンガを読み終える頃、ユミさんは場所を移動してインベーダーゲームを始める。上手《うま》い！　我が母ながら思う。名古屋撃ちがこんなに上手い専業主婦はそんなにいないだろうと、なんとなく誇らし気に思ったりした。だいたい、友達のお母さんはインベーダーゲーム自体やったことがないんじゃないかしらん？　日暮里《にっぽり》育ちのユミさんは普通のお母さんとはちょっと違う匂いのする人だった。

行きつけの喫茶店にはユミさん専用のマイカップが置いてあった。ユミさんの大好きな色、紫色の小さなお花の模様が入ったカップだった。喫茶店のマスターや常連客と話をしているユミさんは、お母さんの時とはちょっと違うトーンで話す。家にいる時よりも少しイイ女度が増して、ミステリアスな雰囲気だ。それを不思議な気持ちで観察している私も、ユミさんの醸《かも》し出す雰囲気に合わせて、普段よりもシャイでおとなしい育ちの良さそうな女の子を演じたりしていた。

私のキャラ設定にユミさんは特に反応しなかった。もしかしたら、むしろ満足していたのかもしれない。ユミさんにだって、ただのお母さんじゃない時間が必要だったのだと思う。ユミさんの大事な息抜きの時間にお伴させてもらっているのだから、私がその空気を壊すわけにはいかない。町の喫茶店に訪れるミステリアスな親子の娘役を演じきらなくちゃ！　と、子ども心に思っていたような気がする。それは決して苦痛ではなく、母と娘の二人だけの秘密の時間という感じで楽しんでいたのだった。そんな時間が今の女優の仕事に役立っているような気がしないでもない。

ユミさんのコーヒー好きは喫茶店だけでは飽き足らなかった。ある日、学校から帰るとコタツの上に理科の実験みたいな道具が並んでいた。アルコールランプみたいな物、フラスコみたいな物、漏斗みたいな物。喫茶店にあるコーヒーサイフォンだった。フラスコにお水を入れてアルコールランプで温める。沸騰《ふっとう》したら火から外して、ミルで挽《ひ》いたコーヒーの入った漏斗をフラスコに差し込み、また火にかける。そうするとフラスコの中のお湯がみるみる上の漏斗の方に移動する。お湯が全部移動したところで火を消すと、今度はまたフラスコの方にこげ茶色のコーヒーが下りてくるという仕組み。コーヒーサイフォンなんかまるで似合わないコタツのある居間が、コーヒーの香りに包まれる。そうすると私は「オエー、オエー」と、ゲロを吐く真似《まね》をしながら部屋中を大袈裟に駆け回ってみせるのだった。

ユミさんが、「コーヒーは子どもには毒だから」と言ったのがトラウマになって、私はコーヒーが飲めなくなってしまった。何かと思い込みの激しい子どもだったのだと思う。コーヒーというと毒薬のドクロのマークがどうしても頭に浮かんでしまうようになった。怖がりでもあった私は、ドクロは怖い、ドクロは嫌い、という気持ちをそのままコーヒーに結びつけてしまった。だから、サイフォンでコーヒーを淹《い》れるユミさんは、森の奥の小さな家でグツグツと煮え立ったお鍋《なべ》で毒薬を作る恐ろしい魔女のイメージ。家にいる時のスッピンのユミさんには眉毛《まゆげ》がほとんどないから般若《はんにゃ》のお面も思い出して、もう怖くてたまらないのであった。

ユミさんの影響だったのか、姉たちも大のコーヒー派である。コーヒーを飲まないと何も始まらないという感じ。朝起きてコーヒー、のどが渇いたらコーヒー、食後もコーヒーを飲んでいる。よく飽きないなと思う。父はどうだったろう？　家でコーヒーを飲んでいるところをほとんど見たことがなかった。お休みの日には明るいうちからビールを飲み出す大のアルコール好きだったという記憶がある。私はそちらの血の方を濃く受け継いだのかもしれない。

コーヒーは嫌いだったけれど、喫茶店は今でも大好きだ。文庫本を一冊持って一人で喫茶店に入るのが特に好きだ。私はいつもレモンティーを注文する。本を読みながらテーブルにカップが出されるのを待つ時間は、大人にしか味わえない贅沢《ぜいたく》な時間のような気がするのだ。十回に一回くらいの割合で背伸びしてコーヒーを注文してみる。ひと口飲んで「うわぁ、苦い」と思うのだけれど、我慢してチビチビとゆっくり飲む。やっぱり紅茶にすればよかったと後悔しながら飲む。せめてカプチーノにすればよかったと後悔しながら飲む。

苦い毒薬の最後の一滴まで飲み干した私は、読みかけの文庫本を閉じて鞄《かばん》にしまい、代金をそっとテーブルに置き、小さな声で「ごちそうさま」と言って静かに店を出る。喫茶店に入ると私はどうしてもいつもと違う人間を演じてしまう。でもそれはやっぱり楽しいひと時なのだ。

いつかコーヒーが心からおいしいと思える日がくるのだろうか？　それはユミさんが私にかけた呪縛《じゅばく》から解き放たれるということなのかもしれない。昔ながらの喫茶店がどんどん町から消えてゆく。でも呪縛が解けるその瞬間は、そういう昔ながらの、無口なマスターがいるような静かな喫茶店で迎えたいものだ。原宿を散策しながら、そんな喫茶店も探してみようと思う。

あの男

「キョーコちゃん、このヴィンテージの革ジャン買わない？　キョーコちゃんだったら特別に十四万円でいいよ。いつもお世話になってるからね」

あの男が言った。

原宿のキャットストリートでドラマのロケの最中だった。あの男の言うことはいつもどこか胡散臭《うさんくさ》い。

「絶対サイズ合わないいし、いらないよ。着ないよ、きっと」

と言う私に、

「ちょっと着てみなよ」

と脱いだ革ジャンを押し付けてくる。渋々袖《そで》を通すと、

「ほらっ、ちょっと大きいサイズのを女の子がブカッと着ると可愛《かわい》いんだよ。買わ

ないと後悔すると思うけどなぁ。もう絶対に手に入らないレア物なんだぜ」

そう、あの男は口が上手い。そして優柔不断な私の性格をよく知っている。心がグラッとしかかった時に運良くドラマのアシスタントディレクターがやって来て、

「コイズミさん、準備ができたのでお願いします」

その声にハッと我に返った私は「はーい」と元気よく答え、羽織っていた革ジャンをあの男に叩《たた》き付けるように突き返した。

撮影が終わって仲の良いスタッフのヤンキー（あだ名）と談笑をしていると、

「そうだ、アイツから革ジャン買わねえかって言われたんだよなぁ」

おっ、あの男ったら、ヤンキーにまで売りつけようとしているのか。

「でもさぁ、高くない？」

と私が言うと、

「なっ！　七万円は高けぇよな。ボッタくるつもりだぜ、アイツ」

なぬっ？　ぬなっ？　ななっ？　ぬぬっ？　あまりの驚きに頭の中で擬音が乱れてしまった。私には何食わぬ顔で倍の値段をふっかけてきたあの男、恐るべし。

あの男とは五年くらい一緒にいただろうか？　家族よりも親友よりもボーイフレ

ンドよりも一緒にいる時間が長い唯一の存在。そうあの男は私のマネージャーだった。年は私より五つくらい上だったと思う。遊び人で見栄《みえ》っ張り。破天荒な無頼漢。感情的で怒り出すと手に負えないし嘘《うそ》つきだし寝坊はするし本当に面倒くさい人だった。あの男と駆け抜けたあの時間はめまぐるしくて激しくて濃密だった。

ある日、映像作家のタカシロくん（今ではハイパーメディアクリエーターとかなんとか言われているらしい）のアイデアで、楽団が演奏しながら原宿を練り歩くという設定のプロモーションビデオを撮影することになった。大掛かりな撮影ではなく小さなカメラ一台のこぢんまりしたロケ隊だった。たぶん撮影の申請もしていない、いわゆるゲリラ撮影だったのだと思う。楽団役はみんな友達。ミュージシャンもいたけれど素人《しろうと》も交じっていたし、チエコ・ビューティーやトーキョー・ナンバーワン・ソウルセットのビッケみたいに、ボーカリストたちも楽器を持って偽《にせ》プレーヤーになりすますというイタズラ心たっぷりな企画だった。スタイリストもヘアメイクもつかなかったので、セルフスタイリング。私はブカブカの古着のオーバーオールに香港のラルフ・ローレンで見つけた水色のカウチン風のニットというゆるゆるのスタイルで撮影に挑むことにした。

さぁ、準備が整った。タカシロくんの威勢の良い「ヨーイ、スタート！」の声が聞こえ、音楽が鳴り始めた。唄いながらミュージシャンたちを見回した時、私の目はある異物を捉《とら》えた。なぬっ？　ぬなっ？　ななっ？　ぬぬっ？　再び擬音が乱れてしまった。あの男が楽しそうにタンバリンかなんかを叩きながら、またまた得意の何食わぬ顔をして楽団に潜入していたのである。あの男、恐るべし。

レストランで友達と食事をしている時に背後のテーブルから聞こえてきた「職業はなんなんですかぁ？」という若い女性の声。そしてその後に「あっ、俺？　歯医者だよ」と男の声が続く。あれっ？　なんかこの声聞き覚えがある。恐るおそる振り返って見るともちろんあの男である。

お休みの日、家の電話が鳴って出てみるとあの男の声。

「あぁ、マナミ？　何してたぁ？」

妙に馴《な》れなれしい甘い口調。完全に間違い電話である。最近はマナミという名の

女と付き合っているらしい。あの男の名誉のため、
「番号お間違えじゃないですか？」
と、とぼけて受話器を置く。

看護師役のドラマの撮影中、診察室のセットの中で手際《てぎわ》の悪いスタッフに突然怒り出したあの男。医者の手洗い用の洗面器を蹴《け》り上げ、中に入っていた水をバシャッと浴びる悲劇のとばっちり主演女優（もちろん私のこと）。

本が一冊書けるくらいの濃密なエピソードがまだたくさんあるが、あの男の本当の恐ろしさはそれでも素晴らしい結果を仕事で出すところだった。こんなことがやってみたいと私が言うと、どこからかお金を集めてきて実現させ、ちゃんと利益を出す。遊び場で知り合った無名のクリエーターたちの才能を見抜き、引き上げて売れっ子に仕立て上げた。本当に恐るべしな男なのである。なかなか認められにくいタイプだと思うが、今こそあんな突き抜けた男が必要な時代なのかもしれない。私はもうそんなエネルギーについてゆく自信はないけれど。

懐古と感謝

八〇年代、原宿での出来事。

神宮前の交差点で信号待ちをしていたら、ＯＬ風のお姉さんが他の誰にも聞こえないくらい小さな声で「お買い物？　一人で歩いて大丈夫なの？」と声を掛けてくれた。「あっ、大丈夫です」と私が答えると、「そう、気をつけてね」と優しい笑顔で青になった横断歩道を颯爽《さっそう》と渡っていった。とってもきれいな人だった。

竹下通りの喫茶店に入って一人でお茶を飲んでいた。隣の席に大学生かと思われるお姉さんがノートを開いて勉強しているようだった。私も文庫本を読みながら紅茶を啜《すす》って静かな時間を楽しんでいた。隣のお姉さんが席を立ち、私の横を通った時にそっと小さなメモをテーブルの上に置いてレジの方に進んでいった。開いてみると「あなたにもこういう一人の時間があるのだと安心しました。これからもがんばってね」って書いてあった。とっても可愛い人だった。

表参道の歩道橋の下で待ち合わせをしていた。遅めの夕食を食べるためにスタイリストのお姉さんを待っていたのだがなかなか来ない。携帯電話もない時代だったから連絡が取れなかった。ぼんやり立っていたらインドから空手の修行に来たという若い男子にナンパをされてしまった。言葉もあまり伝わらないし強引だったから逃げてしまいたかったけれど、待ち合わせの場所を離れるわけにもいかず困っていた。そこへ向かいのキーウエストクラブから出てきたサーファー風の素敵なカップルが「大丈夫?」と声を掛けてくれた。事情を説明したら「じゃあ、その人が来るまで一緒にいてあげる」と言って三人でガードレールに寄りかかって世間話をしながら一緒にいてくれた。待ち人が来たらサラッと手を振って自分の車に乗り込んでブーンと去っていった。インド人はとっくにどこかへ消えていた。

今では裏原宿と呼ばれる辺りの路地にあった小さな八百屋さん。買い物に行くとおばさんがミカンやリンゴを「はい。おまけ」と言っていつも袋に一緒に入れてくれた。小さな私よりもさらに小さい、元気で可愛いおばさんだった。

表参道をブラブラしていたら少し離れた場所からいきなり小さな男の子が私に向かって全力で走ってきた。咄嗟《とっさ》にしゃがんで受け止めると私の頬っぺたを小さな両手で挟んで「カワイイ、カワイイ」と言ってくれた。あんたの方が百倍カワイイわ！　と思ったけれど、女冥利《おんなみょうり》に尽きるうれしい出来事だった。あの男の子も今では立派な青年に成長していることだろう。

マンションに挟まれた小さな一軒家の玄関先にはきれいな花の鉢植えがたくさん並べられていた。優しそうなご婦人がジョウロで花たちにお水をあげている時間に出くわすと「今日はいいお天気ね」とか「暑いわね」とか「だいぶ涼しくなったわね」なんて、声を掛けてくれた。こんなに都会の真ん中なのに生まれ育った町を歩いているような懐《なつ》かしい気分になってうれしかった。真っ赤なサルビアが咲いていた。

寒い冬の日、路地裏を歩いていたら手袋が木の枝の低いところに引っ掛けてあった。片方だけの手袋はきっと誰かの落とし物。探しに来た時に見つけやすいようにと、拾った誰かが木の枝に引っ掛けたのだろう。葉のない枝に珍しい果実がなっているようで可愛かった。手袋はピンク色だった。

ふらっと入った洋服屋さん。二階からオシャレでカッコイイ女の人が降りてきて

「一人で買い物？　のど渇いたでしょ？　お茶飲んでいきな。水羊羹《みずようかん》もあるよ」と言った。初対面だったから面食らっていた私の手を引っ張って「二階はアトリエなんだよ」と、ずんずん階段を上っていった。何を話したかは忘れちゃったけれど、お茶を飲んで水羊羹を食べていろいろおしゃべりした。話し足りなかったのか、カッコイイ女の人は「近くにカフェ・ド・ロペがあるから行こうよ。時間あるんでしょ」と、また強引に私の手を引っ張ってオシャレなカフェに連れていってくれた。全然嫌じゃなかった。むしろうれしくて楽しくてちょっとした冒険気分だった。カッコイイ女の人はヒトミさんといって、とっても有名なブランドのデザイナーだった。温かいカフェオレをご馳走《ちそう》してくれた。コーヒーが苦手だったけどそれはとってもおいしく感じた。

原宿の街には善意が溢れていた。原宿に暮らしていた十代の頃、勤労少女だった私の心が健やかだったのは、しょっちゅうこんな出来事に遭遇していたからだ。

カフェ・ド・ロペだった場所にあるモントークのいちばん上のソファーの席で、この街を見下ろしていたら、参道の街路樹にまで感謝したい気分になった。

彼女からの電話

原宿のレンガ色のマンションで一人暮らしをしていた十代の頃のお話。

友達から電話がかかってきた。珍しく仕事がお休みでのんびりダラダラ過ごそうと思っていた昼下がり。

「キョーコちゃん、なにしてる?」

「仕事休みだからダラダラしてたよ」

「私も休みなんだぁ」

「そうなんだぁ」

「今から遊びに行ってもいい?」

「あぁ、いいよ、別に」

電話を切ってから猛ダッシュで散らかっていた部屋を片付けて、近所に猛ダッシュでジュースやお菓子を買いに行って部屋に戻ったら、良いタイミングでインターホンが鳴った。モニターに映る彼女はとても可愛い笑顔を浮かべていた。

「原宿って人が多いね」

「そうだね。土日とか特にね」

「住みにくくないの？」

「でも、この辺は住宅街だからね」

「確かに、ここは静かだね」

ジュースを飲みながら他愛のない話をしていた。あっという間に時間が過ぎてそろそろ夕飯時だし、お腹《なか》空いたなぁ、何か作ろうか、それとも出前を取ろうかとぼんやり考えていた。

「ねぇ、お腹空かない？」

「ううん、大丈夫。あのね……」

「でも、ピザとか頼んどこうか？」

「うーん、大丈夫。あのね……」

「そろそろ帰らなきゃいけない感じ？」

「ううん。あのね……」

「うん？　なに？」

「好きな人がいるの」

「あ、そうなんだ」

「うん。でも……」

「どしたの？」

「好きになっちゃいけない人なの」

「そうなの？」

「そうなの」

「なに？　結婚してる人とか？」

「ううん」

「じゃあ、なに？」

「うーん、言えない……」

「なによ、それ」

「ごめん……。ごめんね……」

あらあら泣き出しちゃったよ、どうしたものか。男でもないのに女の涙にオドオドしてしまう私。

「ごめん……。本当にごめんねぇ……」

相変わらず泣き続ける彼女にかける言葉も見つけられないまま黙って見つめていたが、頭の中では、お腹空いたなぁ、この話いつまで続くんだろう？　このタイミングでピザ屋に電話とかありえないよね、参ったなぁ、なんて思っていた。

「ごめんね、ちょっとトイレ借りるね」

彼女がトイレに行っている間、私はぼんやりと考えていた。恋かぁ、恋ねぇ、好きになっちゃいけない人ってなんなんだろう？　あっ、そういえばボーイフレンドから最近連絡ないなぁ……。あれっ？　うん？　ちょっと待てよ……。なるほど！そういうことか！　と、全《すべ》てを悟った私。そこへ彼女が戻ってきた。

「あたし、わかっちゃったよ」

「えっ？　なにを？」

「その好きな人のことって……」

「うん」

「私にだけ言えない人なんでしょ？」

「えっ？　うん……」

「そうなんでしょ」

「うん……。ごめんね……」

なんだこの展開。少女マンガか！　とツッコミたくなった瞬間。

「なんか私たち少女マンガみたいだね」

って、彼女が笑いながら言った。童顔の赤ちゃんみたいな可愛い笑顔で。その顔を見たら怒りも悲しみの感情も湧《わ》かなかった。強いなぁ、涙も笑顔も使い道を知ってるなぁ、女としてなんか強いなぁ、逞しいなぁ、なんて感心してしまう気持ちの方が強かった。軽い敗北感みたいなものだけが心の中に残った。

彼女が帰ってからボーイフレンドに電話した。

「聞いたよ、彼女から」

「あっ、そうなんだ」

「うん、もう電話しないでね」

「あぁ……。わかった」

「じゃあね」

「あぁ……。ごめん……」

「いいよ、もう。バイバイ」

初めての失恋だったのに電話を切っても悲しい気持ちにはならなかった。私は恋なんかしていなかったのだと思った。

あれから何十年も生きてきて、そのボーイフレンドのことを思い出すことはないが、あの彼女の涙と笑顔は時々脳裏に浮かぶ。今どこで何をしているのか消息は知らないが、きっと女としてちゃんと幸せを手に入れているんだろうな。そうであってほしいと心から願っている。あれは私にとって人生の分かれ道というか、女としての生き方みたいなものを考えさせられた初めての瞬間だったのだ。

あの時、少女マンガのヒロインになりきれなかった私の涙や笑顔は未《いま》だに映画やドラマの役の中でしか発揮されていないような気がしてならないが、それはそれで楽しい人生である。

さて、本日も夜明け前に家を出て愛《いと》おしい職場、撮影現場に向かいましょうか。

ミカちゃん、ピテカン、そして……

ミカちゃんは時々電話をくれる。

「もしもしタマゴ、ご飯食べた？」

タマゴというのはミカちゃんが勝手につけた私の愛称である。写真集のロケで行ったハワイのホテルでお風呂《ふろ》上がりの私の顔を見てミカちゃんが言った。

「ピカピカのゆで卵みたい」

それからずっとタマゴと呼ばれている。この世で私のことをタマゴと呼ぶのはミカちゃんとミカちゃんの友達のミユキちゃんだけだ。タマゴと呼ばれると、私はちょっと恥ずかしいような、ムズムズくすぐったいような、でも何か特別なプレミアムな感じもしてうれしい気分になる。

「お腹ペコペコ。ミカちゃんどこ？」

仕事が終わって部屋に戻ってきたばかりの私は当然お腹が空いていた。冷凍ピラフか即席ラーメンか、そんな切ない選択肢をどちらにしようかと迷いながらメイクを落としていたところだった。

「ピテカンの食堂にいるから、すぐにおいで」

私は自転車に乗ってピテカンへと急ぐ。


ピテカントロプス・エレクトスは原宿の外れにあった日本で初めてのクラブと言われたお店。十八歳の少女が夜遅くに自転車で行くには似合わない場所だった。ピテカンの階段を下りる時はいつも胸がドキドキする。オシャレな人たちが集うその場所は私の日常とはかけ離れていて、なんだか悪いことをしているみたいなスリルを感じた。ＭＩＬＫのニットとスカートは最近のお気に入りの服だけど、テクノやフォークロアファッションをビシッと決めた最先端のオシャレさんたちの中に入ると途端に自信がなくなった。音楽が大音量でかかっているフロアで踊るオシャレさんたちの波に飲み込まれないように上手に掻《か》き分けながら、いちばん奥のカーテンの向こう側にある食堂に向かう。

「タマゴ、早かったわね」

「うん。自転車でかっ飛んできた」

「ジテンシャ？　あんたってやっぱり変な子ねぇ」

と、笑いながら店員さんを呼んで注文をしてくれる。

「この子にも同じ物を。それから飲み物はコーラでいいわね」

ミカちゃんは私よりも七つ年上のお姉さん。美人でオシャレでカッコイイ、私の憧《あこが》れの人。スタイリストをしていて、時々洋服の貸し出しに付き合わされたりもする。

「あらっ、ミカちゃん。ずいぶん可愛いらしいアシスタントが入ったわねぇ」

なんて、お店の人が言うと、

「タマゴっていうのよ。可愛いでしょ」

ミカちゃんはこういう時、否定も肯定もしない。ミカちゃんにとっての事実だけを語る。私がタマゴっていうただの一人の女の子ってことだけがミカちゃんにとっての事実なのだ。それは私がタマゴでいることが嬉しくなる瞬間。

ご飯を食べ終わって、三杯目のウォッカソーダを飲んでいたミカちゃんが突然言った。

「タマゴ、私ね、パリに行くのよ」

「パリって、えっ？　あのパリ？　フランスの？」

「あはは、フランス以外にパリなんてないでしょ？　ほんとにあんたって変な子よね」

「え？　なんで？　仕事で行くの？」

「ううん。向こうに住むのよ、恋人と」

ミカちゃんは真剣な顔をしていた。真剣だけど幸せそうな顔だった。

「タマゴもいつか遊びに来てね」

こんな時、否定も肯定もしちゃいけない。それがミカちゃんから私が学んだカッコイイ美学なのだから。

「パリかぁ。遠いねぇ」

「遠いかしら？」

「遠いよ！　ピテカンよりずっと」

「あはは、そうね。ジテンシャかっ飛ばしてもなかなか着かないわね」

「そうだよ！　ミカちゃ……」

その時、カーテンの向こう側で誰かのライブが始まった。ウォーと沸き上がる歓声に「ミカちゃんのバカ！　淋《さび》しいじゃん！」子どもっぽい私の感情（事実）はオシャレの渦に巻き込まれて消えていった。

あたしのロリポップ

セントラルアパートの地下にあった原宿プラザは少女だった私にとって心がワクワクする場所だった。階段を下りると小さな間口のお店がひしめき合うように立ち並び、ふわふわのチュチュ風スカートやスタッズだらけのライダースやカラフルなウィッグやキッチュなアクセサリーがぐちゃぐちゃに飾られていた。少年少女の好奇心や不良心がパンパンに詰まった夢のマーケットだった。売り子のお姉さんやお兄さんたちはすごく奇抜なファッションをしていて一見怖そうなのだけれど、お話ししてみるとみんなとても優しくて、逆にそれがすごくカッコよく感じられた。あぁ私の青春時代。いつなくなったのか思い出せないけれど、あんなお店がまた原宿にできたらいいなと思う。

ロンドンのケンジントンマーケットは今もあるのだろうか？　初めて行った時

「わぁー、原宿プラザみたいだぁ」と感動したけれど、きっとケンジントンマーケットの方が先にあって、原宿プラザの方が後に生まれたんだよね。ロンドンへの憧れもまた私の青春だった。

そうそう！　ロンドンと言えば……天国にいる川勝《かわかつ》さーん！　ロンドンオリンピックのオープニングで、一瞬だったけどミリー・スモールの「マイ・ボーイ・ロリポップ」が流れたよ。そして夏のライブツアーであたし唄《うた》ったよ。川勝さんが訳詞してくれた「あたしのロリポップ」。

あたしの　ロリポップ
会うとハート　ドキドキ
甘いマスクは　キャンディ
「う～ん。いけずゥ」な　ダンディ
ウォ…　あたしの　ロリポップ
消えちゃ　ぜったいヤーだ

泣いちゃうから　イーだ
ハートがそういうの

川勝さんが突然天国に逝《い》っちゃって本当にびっくりしているよ。「う〜ん。いけずゥ」なダンディだよ、まったく！　レコーディングをしていてもライブをしていても映画の撮影をしていても、川勝さんならなんて言うかな？　っていつも考えているんだよ。あたしだけじゃなくてきっとみんな同じだと思う。

恋して　恋して　恋してる
でもバレるとシャクね
愛して　愛して　愛してる
だれが離すものかしら

あたしの　ロリポップ
会うとハート　ドキドキ

目の前　即ファイアー
あたしの　ロリポップ

最後に会ったのは下北沢。川辺《かわなべ》ヒロシくんと一緒に藤原ヒロシくんのAOEQのライブを観《み》に行った時だった。ロビーで会って、「HIROSHI II HIROSHIと私で、ゆらゆら帝国の『空洞です』をカバーしたんだよ」って言ったら「それは楽しみだなぁ」って言ってくれた。

恋して　恋して　恋してる
でもバレるとシャクね
愛して　愛して　愛してる
だれが離すものかしら

あたしの　ロリポップ
会うとハート　ドキドキ

目の前　即ファイアー
あたしの　ロリポップ
あなたは　ロリポップ
あなたは　ロリポップ
あたしの　ロリポップ

川勝さんはとっても律儀《りちぎ》な人だったから私が三十周年記念で出した『Kyon30〜なんてったって30年!〜』の選曲の原稿を早々と入稿してくれて……でも発売の時にはもう天国に逝っちゃっていたんだよね。

「あたしのロリポップ」
「この涙の谷間」ヤン富田　アレンジ
「No No No (Dub Mix)」

この三曲を選んで、声が好きって書いてくれた。また唄いたいことが降りてきたらぜひ音楽活動を。その時、何かお役に立てることがあったらお声を掛けてくれるとすごくうれしいです。と言ってくれた。川勝さーん!　あたし唄ってます。

九〇年代、アイドルとしてはもうひとがんばりしなきゃならない時期に川勝正幸《まさゆき》さんに出会った。ラジオ番組の構成をしてもらったり、ライブツアーの構成やパンフレットの編集をしてもらったり、アルバム『N°17』のロンドンレコーディングに同行してもらったり、映画『風花《かざはな》』の初日舞台挨拶《あいさつ》の司会をしてもらったり、本当にお世話になった人。たくさんのアーティストたちと引き合わせてくれたのも川勝さんだった。今でもそれは私の宝物。あれも私の青春だった。あの時代があったから私は今でもここにいられるのだと思う。小泉今日子がパワーアップしたのは確実にあの時代だったと我ながら思う。

川勝さんは原宿プラザみたいだった。いろんなものが分け隔てなくいっぱい詰まっていて、カッコよくて面白くて優しかった。川勝さーん！　あたしは今もまだ青臭いまま四十六歳の青春の日々の中を生きています。そして唄っています。

雨の日の２４６

朝からテレビ局のスタジオの中にいたから雨が降っていることを知らなかった。しかもこんなに激しい雨。もうすっかり日が暮れて夜の入り口の空の色。マネージャーが運転する車に濡《ぬ》れないように小走りに乗り込んで、予約している表参道の美容院に向かう。曇った窓ガラス越しに雨の街を眺めた。私は雨が好きだ。

「雨の日の２４６ってキレイだよね」

若い頃、深夜のドライブ中にボーイフレンドが言った。私はそれまでそんなこと気に留めたことがなかったから少しびっくりした。私にとって道路はただの道路でしかなかったたし。雨はただの雨という現象でしかなかったから。

車は青山一丁目の信号を表参道方面に曲がるところだった。緩やかなカーブを曲がるとしばらく真《ま》っ直《す》ぐな広い道が続く。対向車の白いライト、前を走る車の赤いバックライト、信号機の赤青黄色、ビルのネオン看板、いろいろな色の光が雨に濡れた黒い道路に反射してキラキラ光っていた。

「確かにキレイ」

私は小さな声で呟《つぶや》いた気がする。その声はカーラジオから流れる音楽に掻き消されたような気もする。聞こえていても、聞こえていなくても、どっちでもよかった。胸がいっぱいだったのだ。246号線が私にとってただの道路じゃなくなった瞬間に私はひどく感動していたのだ。閉じていた瞳《ひとみ》がやっと開いたような気がした。早くから仕事を始めた私は忙しい日々の中で精一杯楽しく生きていたけれど、どこかで何かを諦《あきら》めてしまったような気持ちもあった。いきなり大人の世界に放り込まれていつも自信がなくて、その自信のなさで自分が傷つかないように常に身構えていた。大人たちに子どもっぽい感情がバレないように一生懸命隠そうとしていた。自分自身の心に鈍感になることが自分をいちばん楽にする方法だと思い込んでいた。閉じ込めてしまってパンパンに弾《はじ》けそうになっていた心に、目覚めていなかった目に、耳に、味覚や嗅覚《きゅうかく》に、いつも刺激を与えて覚醒《かくせい》させてくれる人だった。小さな私の世界を少し広げてくれた人。

「このグラスってさぁ、こうやって持ち上げて下から見るのがいちばんキレイじゃない?」

丸い電球が水面に浮かんで月みたいにユラユラ揺れていた。

「確かにキレイ」

私はまた小さな声で呟いたような気がする。そしてその声はまた何かに掻き消されてしまったような気もする。その人といるといつも胸がいっぱいになって私は寡《か》黙《もく》な女の子になってしまうのだ。

果たしてあれは恋だったのか？　恋には違いないけれど、憧れや尊敬や学びの方が大きくて、恩師と教え子、師匠と弟子みたいな関係だったのかもしれない。サリバン先生とヘレン・ケラーみたいな。私はいつも心の中で「ウォーター！　ウォーター！」と叫んでいたのだった。感情を取り戻したものの、表現にまで至らなかった私は、結局最後まで彼の前でも心の中でしか叫ぶことができなかったのだ。

あの時、大きな声で叫んでいたら何かが違っていたかしら？　そんなこと何十年も経《た》ってから考えても仕方がないことだ。私はこのまま死ぬまで誰に対しても本当の意味で心を開かないまま生きていくのかしら？　と、ふと考えてしまうことがある。今のところ九年間一緒に暮らしていた愛猫《あいびょう》だけが私の全てを知っているような気がする。そのニャンコも天国に召されてしまい、途方に暮れている。

ただ、最近になって思うのは、歌を唄うことや役を演じることが好きで、それがそのまま職業になって三十年も続けてこられたのは、実は感情表現が上手じゃないからなのかもしれないということ。１００％の全てが自分の感情ではないと思えるから安心して感情表現を楽しむことができるのかもしれない。この世界にはそんな人の方が多いような気がする。だから案外居心地がよくて長居できているのかもしれない。

新しいドラマの撮影がまた始まって、信じられないくらいのセリフ量に吐きそうになりながらも、きちんと早起きをしてスタジオに向かう。スタジオを出て渋谷から表参道の美容院に向かう。雨に濡れた道路が光ってキレイだなと思う。そして過去の記憶を思い出す。

「雨の日の２４６ってキレイだよね」

「確かにキレイ」

私は小さな声で確かに呟いてみた。

「えっ？　何か言いました？」

マネージャーが驚いて振り向いた。

あの子の話

離婚して再びの一人暮らしが始まったんですよ。裸一貫で出直したい気分だったんで家具とか大きな物は全部置いて家を出ました。愛車のミニクーパーで洋服とか食器とか本とかね、必要な物だけを運んで。それでもミニクーパーなんで一度にたいして運べないんで何度も往復してね。夜な夜なコツコツと引っ越しました。青葉台です。駅でいうと中目黒ですね。目黒川の桜、見たことあります？　キレイですよね。川面《かわも》に映る桜が幻想的でいいんですよ。そこを花びらが流れていったりして。桜は春のひと時だけの楽しみですけどね。駅も近いし、大きなスーパーもあるし、タクシーも捕まえやすいし便利かなと。いやいや何軒も見ましたよ。十軒は見たんじゃないかな？　不動産屋さんと付き合ってるんじゃないかって思うくらい二人でしょっちゅう内見ドライブしましたよ。でもなかなかピンとこないんですよね。再スタートに相応《ふさわ》しい部屋って、自分でハードル上げていたのもあって。で、その部屋に入った瞬間に風が気持ち良く流れているように感じました。リビングに入ると一面が全部窓になっていて窓ガラスの向こうに小さな庭があったんです。植物もたくさん植わってました。マンションの二階なのになぜか庭があったんです。もちろん小さいですけどね、でもとっても日当りのいい素敵な庭でした。ひと目で気に入ってすぐに引っ越しました。で、住んでみたら思わぬオプションが付いていたんですよ。その庭には訪問客がひっきりなしに来るんです。野鳥に、昆虫に、枯れ葉や花びら、隣の家の金木犀《きんもくせい》や沈丁花《じんちょうげ》の香りまで。いちばんの常連さんは猫でした。散歩コースなんでしょうね。天気のいい日には必ず誰かしら顔を見せるんですよ。真っ白な気高い雰囲気のある猫は一族で住み着いているようでした。誰かが餌《えさ》を与えていたのでしょうね。他所《よそ》の猫もたくさん来るんです。いちばんのお気に入りはアイツです。ものすごく不細工でいつも傷だらけのブチ。きっとこの辺りのボスですね。偉そうなんですよ。実にふてぶてしい顔をしてるんですよ。でもなんだか神々《こうごう》しいオーラを感じるんですよ。ええ、猫好きなんです。子どもの頃飼っていたし。猫と一緒に昼寝するのが好きでしたね。猫がご飯を食べる姿なんて見てたら飽きませんよ。ゴロゴロのどを鳴らすのを聞くのも好きだなぁ。猫の身体《からだ》に鼻を押し付けて匂《にお》いを嗅《か》いだり。お日様みたいな匂いなんですよ。お日様の匂いなんて嗅いだことありませんけどね。あと、耳の後ろのフワフワの産毛《うぶげ》なんて気持ち良くて延々触っていられますよ。寝顔！　ヤバいですよね。猫も寝惚《ねぼ》けたり寝言を言ったりするんですよ。フニャニャンッて。可愛《かわい》すぎるでしょ。この世のものとは思えない可愛らしさですよ。肉球なんてプニプニですよ、プニプニしてやがるんですよ。本当にヤバいですよ、猫ってやつは。庭を訪れる猫たちを毎日眺めていたらやっぱり触りたくなるし、ぎゅうぎゅう抱きしめたくなるんです。でも他所の猫さんにそんなことできません。で、再出発のパートナーとしてあの子が私の元にやってきてくれたんです。明治通りの原宿の先に千駄谷《せんだがや》小学校があるじゃないですか、その手前にペットショップがあるのわかります？　そうです、モントゥトゥという何かの呪文《じゅもん》みたいな名前のペットショップです。あそこであの子に出会いました。小さくてね、最初はネズミじゃないかと思うくらい小さかったんですよ。ケージを覗《のぞ》いたら目が合って、ミーッて鳴いたんです。小さな身体から全エネルギーを絞り出すようにミーッて鳴いたんです。その瞬間、リンドンリンドンッて運命の鐘の音が頭の中で美しく優しく響きました。明治通りを帰る時、私はミニクーパーを運転しながらウキウキしていました。新しい人生が始まるのだなぁ、ということをしみじみ感じていました。助手席に座る親友の膝《ひざ》の上であの子は気持ち良さそうに寝ていました。その日は春の優しい雨が降っていて、ちょうど渋谷駅の辺りを走っている時にピンと思い付きました。「小雨《こさめ》」って声に出してみたらあの子はうっすら目を開けて小さな口を精一杯開けてあくびをしました。それから何度この名を呼んだでしょう。「小雨……小雨……小雨……」。あの子は私を笑わせてくれました。私を励ましてもくれました。どれだけ愛情を注いでも変わることなくいつも側にいてくれました。愛って言葉の意味を初めて理解できたような気がしたんです。かけがえのない存在なんでしょうね。愛おしいんです。小さな骨壺《こつつぼ》に納まってしまった今でも同じ気持ちです。ええ、そうなんです。去年の十月に。まだ九歳だったんですけどね。仕事が終わって深夜に帰ったら冷たくなっていたんです。家を出る時はいつもと同じように元気にしていたし、ご飯も食べたようだし、トイレの跡もあったんです。心臓発作のような感じだと思います。私を驚かさないように静かに眠っているような姿でした。泣きました。今でも泣きますよ。会いたいですよ。会いたいです。

あっ、ごめんなさい。一人でしゃべっちゃいました。なんの話してたんでしたっけ？

お化け怖い！

幼い頃からお化けが怖い。もう五十歳も近いというのに今でもやっぱりちょっと怖い。夜中にテレビをつけっぱなしにしているとホラー映画のスポットが急に流れたりするから恐怖でソファーから落っこちそうになる。慌《あわ》ててテレビのリモコンをつかんでチャンネルを変えるけれど、一瞬でも見てしまった青白い長い髪の女や、真っ白な子どもや、一瞬でも聞いてしまった「あ」に濁点が付いたような声（映画『呪怨《じゅおん》』のあの声！）がいつまでも私を怖がらせる。そうなるともう窓ガラスとか鏡すら見るのが怖くなるし、寝室に移動するだけでも恐ろしくって、開けっ放しだったドアをきちんと閉めて、カーテンの隙間《すきま》もきちんと閉じて、楽しげなＤＶＤを流して、電気を煌々《こうこう》とつけっぱなしにして、そのまま朝までソファーで過ごすしかないのだ。まぁ、いつの間にかグーグー寝ていたりするわけだけれども。でも本当に、深夜のホラー映画のスポットの不意打ちは怖いから、流す前に警告音とか鳴らしてくれないものだろうか、と本気で思う。

そんなことを言いながら、私、原宿のレンガ色のマンションに住んでいた二十歳前後の頃、ホラー映画にハマって毎晩のようにビデオを観ていた過去があるのだ。しかもゲラゲラ笑いながら。あれはどういう心境だったのだろう？　七〇年代から八〇年代にかけてオカルト映画やスプラッター映画が流行《はや》っていたこともあるのかもしれないが、か弱い女の子と思われるのがシャクだったからなのかもしれない。友達が私を怖がらせようとせっせとホラー映画をレンタルしてしょっちゅう私の部屋に遊びにきていたのだった。強がって観ているうちに一時的に免疫《めんえき》ができたのかもしれない。当時、印象に残っている作品は、

『ハロウィン』一九七八年　アメリカ
『悪魔の棲《す》む家』一九七九年　アメリカ
『13日の金曜日』一九八〇年　アメリカ
『死霊《しりょう》のはらわた』一九八一年　アメリカ
『エルム街の悪夢』一九八四年　アメリカ

他にもたくさん漁《あさ》るように観ていたけれど、この五本が特に面白かった記憶がある。中でもいちばん好きだったのは『死霊のはらわた』。当時の撮影技術では考えられないくらいの、ものすごくカッコいいカメラワークに興奮したりした。リンダという悪霊の首が地面を転がりながら妙に明るい旋律の歌を唄うシーンが好きで、友達の前で物真似《ものまね》を披露したりして楽しんだ。改めて調べてみたら監督サム・ライミだった。流石《さすが》！　っていっても私、未だに「スパイダーマン」シリーズ一本も観たことないのだけれど。

しかしこうして並べてみると全てアメリカの作品だ。もしかしたらアメリカ物はリアリティを感じなくて怖くなかったとか？　確かに和物の方が恐怖が大きい気がするが、今となってはわからない。だって怖くてもう二度と観られないのだから。もう一度観返してみたいけれど、免疫がすっかりなくなった中年の今じゃ観る勇気が起きないのが残念です。さらば青春。さらば悪霊。

お化けが怖いと言いながら、私は結構リアルお化けを目撃している。まだ一人で寝られなくて父と母に挟まれて寝息をたてていた幼き日、ふと真夜中に目覚めると部屋の入り口の引き戸のところにいつもおばあさんが立っていた。静かに私たちを見守るような眼差《まなざ》しだった。子どもすぎてお化けの概念自体がなかった頃で特に恐怖も感じなかった。少し大きくなって夜中に目覚めてもおばあさんの姿を見なくなって、初めて不思議に思った。

「ねぇ、おかあさん。よなかのおばあちゃんがいなくなっちゃったけど、どうして？」

と母に聞いたら一瞬ギョッとした顔をして、

「どんなおばあちゃんだったの？」

と聞いてきた。

「あたまにてぬぐいをかぶって、もんぺをはいてるやさしそうなおばあちゃんだよ」

と答えたら、

「それはね、お父さんのお母さん。あんたのおばあちゃんだよ。あんたが生まれる前に天国にいっちゃったから、心配して見にきてたんじゃない」

だって。だから全然怖くなかったんだなと納得した。

それから思春期の頃、コンサートツアーで全国を回っていた時にステージの上で一緒に唄ってくれるお化けとか、ベッドで本を読んでいるのにホテルの部屋の電気を何度も勝手に消しちゃうお化けとか、ちょこちょこ目撃しているのだけれどなぜだかリアルお化けには恐怖を感じない。人が人を怖がらせるためにわざわざ作った作り物はあんなに怖いのに。

でも一回だけ背筋が凍るような思いをしたことがある。原宿のマンションに母が滞在していた時のこと。幼なじみの親友と買い物に出掛けてマンションに帰った。インターホンを鳴らして母にオートロックを解除してもらう。部屋の玄関に出迎えた母がなんだかよそよそしい。すぐにキッチンに向かい、お茶を入れて持ってきてくれた。カップがなぜか三つあった。

「お母さんも飲むの？」

と聞いたら、

「えっ？　もう一人いたじゃない？　おかっぱの子」

だって。キャー！　怖い！（実際、私はおかっぱちゃんを見てないのだけれど）。これ書いてるの真夜中だよ。あーぁ、今夜もソファーで寝る羽目に。

アキと春子と私の青春

アキと雨の表参道を歩いた。私はオレンジ色の傘、アキは青い色の傘をさして。

アキと同じ年くらいの頃、私は表参道の真ん中辺りにある横断歩道で信号待ちをしているふりをしながら芸能事務所にスカウトされるのを待っていた。持っている洋服の中でいちばん可愛い服を着て、お気に入りのタータンチェックの帽子をかぶって。アイドルに憧れて、夢は必ず叶《かな》うと信じていた。だからいつも胸がドキドキドキドキしていた。ドキドキしながらいつも何かを待っていた。でも、思い描く未来は明るすぎて眩《まぶ》しくて真っ白く光っているだけで目つぶしを喰らったみたいに何も見えていなかったのかもしれない。

「ママ、どうしたの？」

振り返るとアキが心配そうに私を見つめている。あの頃の私にとっては思いもよらない未来に今、私は立っている。アキが私くらいの年になった時、オレンジ色と青い色の傘をさして二人で歩いた表参道を思い出してくれるかな。未来のアキはこの表参道を誰と歩いているのだろう。

約一年間、朝のドラマでヒロイン「アキ」の母親役「春子」を演じた。若い頃アイドルを目指し、故郷を捨て、親を捨て、家出までして上京した東京で夢に破れ、タクシー運転手と結婚をして娘を生み家庭に入った専業主婦。そして年頃になった娘はかつての自分と同じアイドルの道を目指し始める。私は子どもを持たなかったが、役を通じて母親の気持ちを体現できるのは女優という仕事の面白いところである。ヒロインを演じた能年玲奈《のうねんれな》ちゃん（現・のん）の瑞々《みずみず》しさはアキそのもので、この子を全力で守りたいという気持ちにさせてくれる魅力的な女の子だった。ドラマの中でのアキの成長はそのまま能年ちゃんの成長だった。これはもうドラマを超えたドキュメンタリー。大人たちの中で懸命に頑張る彼女の姿を見ていると過去の自分をよく思い出す。

私は春子の目指したアイドルになって十六歳の時から大人たちの中でたった一人

闘っていた。楽しかったけれど辛《つら》かった。辛かったけれど楽しかった。今となれば宝石箱にしまっておきたいくらいキラキラした時間だった。その頃の私は時間があるといつも表参道を歩いた。行きつけの美容院の帰り道、歌のレッスンの先生の家からの帰り道、お店のウインドウに飾られたディスプレイを見ながらぶらぶら歩いていた。中学生の頃から原宿が好きで、日曜日には毎週のように友達と遊びに来ていたこの街を歩いていると、自分を見失わずにいられるような気がした。歩き疲れると歩道橋に上がって行き交う車や、歩道を歩く人々や、真っ直ぐに並んだ街路樹を眺めながらひと休みした。

春子がなれなかったアイドル。私がならなかったお母さん。人生は何が起こるかわからない。どこで何を選んで今の人生に至ったかはもうわからないけれど、ほんの小さな選択によって、春子が私の人生を、私が春子の人生を送っていたのかもしれない。私が選ばなかったもうひとつの人生。だから、春子とアキ、私と能年ちゃん、二つの関係が物語を通して同時に進行するという不思議な体験をしている。

例えば、春子は過剰なほどに娘を守ろうとする。自分と同じ苦い思いを味わってほしくないという思いが春子をそうさせる。娘を傷つけようとする敵に対して牙《きば》をむき暴言を吐き大暴れする。母親ならではの戦いっぷり。でも私の場合は、苦い思いも挫折《ざせつ》も孤独も全て飛び越えて早くこっちへいらっしゃいという思いで能年ちゃんを見守る。まさに「その火を飛び越えて来い！」という心持ちで待っている。すぐに傷の手当ができるように万全な対策を用意して待っている。先輩ならではの立ち振る舞い。こんな風にフィクションとノンフィクションが同時に起こっている不思議な体験はなかなかできることではない。あまちゃんマジック。いやいや能年マジックなのだと思う。彼女が私の心を動かすのだ。

先日、全ての撮影が終了して、スタッフ、キャスト、関係者各位勢揃《せいぞろ》いでの打ち上げパーティーをした。これだけ注目されたドラマだから芸能マスコミは黙っていない。一次会会場のホテルはもちろん、二次会の会場にも潜入者が交じっていたらしく、その模様が雑誌に掲載された。別にいいんだ。悪いことをしているわけじゃなし、撮りたきゃ撮ればいいさ。載せたきゃ載せりゃいいさ。そんなことはどうでもいい。だって楽しかったんだもん。

二次会が終わり、能年ちゃんが帰った後、大人のキャストと現場にいたスタッフだけが残り三次会が始まった。大きなカラオケルームだったけど、歌を唄う人なんか一人もいなくて、撮影を振り返って楽しい会話が弾む。みんな朝まで帰らずにずっと笑顔で語り合っていた。どれだけ楽しくてどれだけ幸せな日々だったのだろう。能年マジック恐るべし。

撮影中に二十歳になった能年ちゃんに、三つの鍵《かぎ》がついたネックレスを贈った。大人になるために必要な鍵。ゆっくり慎重に楽しんで大人のドアを開いてほしい。ドアの向こうにはいつでも未来が待っている。必要ならばいつでも私も待っている。

「その火を飛び越えて来い！」

渋滞～そして人生考

街路樹がクリスマスイルミネーションで彩《いろど》られ、金色の光の道が真っ直ぐに延びてキラキラ光る滑走路みたいな表参道。毎年この季節になると必ず目にする光景だけど、やっぱりとってもキレイだなと思う。六本木ヒルズのところの青い光の道も好きだけど、私はやっぱり表参道派。

あっという間に過ぎていった一年を思いながら、この光の道を車で通り抜けると、まるでタイムスリップしたように数日先の新しい年に辿《たど》り着きそうな気がしてくる。でも、車は遅々《ちち》として進まない。キレイな光をゆっくり浴びたいからなのか、自然渋滞なのかはわからないけれど、いつもの三倍くらいの時間が掛かっている。歩道には溢《あふ》れるくらいの人がいて、人々は携帯電話でこのキレイな金色の光を記録に残そうと必死でシャッターを押している。安全のため歩道橋は使用禁止になり、警備員さんが大きな声で「立ち止まらないでくださーい」と叫んでいる。私は一人、車の中で「もう年末かぁ、早いなぁ」と、小さな声で呟いてみる。

車はまだ一つ目の歩道橋あたり。

去年の今頃は何をしていたっけ？　そうか、毎日まいにち、テレビ局のスタジオに通ってお母さん役をしていたんだった。二十八日まで撮影して、そのまま仕事納めと称してみんなで散々お酒を飲んで、次の日は使いものにならない状態でぐったり過ごして、それからどうしていたんだっけ？　年末のお掃除をチャチャッとやって、あれ？　大晦日《おおみそか》は私どうしていたんだっけ？　「紅白」や「ガキ使」は観たんだっけ？　実家に帰ったのは元日だったたっけ？　しばらく考えてみても全く思い出せなかった。過ぎてしまった時間に対して案外薄情なのかもね、私って。

二つ目の歩道橋を通過。

この三年くらいものすごく働いている。元来、怠け者の私としては珍しい働きっぷり。借金を抱えているわけでもなく、養う者があるわけでもなく、だから理由なき働きっぷり。他にやりたいことなんてないし、まぁ楽しいんでしょうね、仕事が。独り者だし、これからずっとそうやって生きていく気がするけど、どっかで淋しいとか思うようになるのかな？　それはまだ未知の領域。でも、「将来のこと、そろそろちゃんと考えなきゃ」なんてふと思ったりもする。だって、二〇一四年は午年《うま》で私は四回目の年女なんだもの。生きることと死ぬことが同じくらいの距離に見える年頃だもの。できればキレイに生きてキレイに死にたいもんね。

やっと明治通りを越えた。

若い時には四十代ってもっとくたびれているもんだと思っていた。なってみると意外や意外、身も心も人生の中でいちばん充実しているような気がする。「なんかすごく元気だ、私」って思える。これは私だけの実感なのだろうか？　他の人たちはもっとくたびれたりしているのだろうか？　大人にならなくてもなんとかなるような職業だからなのかもしれない。背負うものもほとんどないしなぁ、私って。本当はくたびれているのに認めたくなくてカラ元気を装《よそお》っている可能性もある。過ぎてみないと自分の本心ってわからなかったりするもんね。自分でもわからないものを人にわかってもらおうなんて不可能だわね。だから今は一人で生きるのが気楽でいい。四十八年間生きてきた私はこれからどこへ向かうのだろう？　最近の私の口癖は「うん！　五十歳になったら考えよう！」そうやって問題を先延ばしにしてる。まだ二年もあるから、と。

車はやっと原宿駅のところ。

言葉って難しい。ましてや会話なんて難しすぎて恐ろしく感じる時がある。自分が発した言葉に対して相手の反応が返ってきて、その反応に心を合わせてしまうと本当に言いたいことなんてほとんど言えてないような気がしてくる。無口になれたらそんなことも考えずに済むのだろうか？　私、子どもの頃は無口でおとなしい子だったのに。

右に代々木公園、左にＮＨＫ。

金色の光はいつの間にか途絶え、渋滞からも解放された。私はスーッとアクセルを踏み込む。もちろんタイムスリップなんてしているわけもなく、ただただ静かな日常に戻る。

あっという間に山手通りへ。

とりあえず今日のことから考えよう。家に戻ったら冷蔵庫の中に入っている野菜でスープでも作って、録画してある韓流《はんりゅう》ドラマを観ながら食べて、お風呂《ふろ》に入って、読みかけの本をベッドの中で読もう。そしたらまた明日になってるんだ。明日は必ず来るんだもんね。ただそれを繰り返して生きればいいだけなのだ。

ジョーゼットのワンピース

幼い頃のアルバムの中に、白地に小さな赤い花柄がプリントされているジョーゼットのワンピースを着て恥ずかしそうに笑っている私がいる。たぶん四歳くらい。親戚《しんせき》の誰かの結婚式に連れていかれた時の写真だろうか。髪はおさるさんみたいに短くてとてもお嬢様には見えないけれど、そのワンピースは今見てもどこかお上品でとても可愛い。母が生地を選んでお針子さんに作らせた物だった。

母は日暮里の染物屋の娘だった。祖母がオシャレな人だったらしく、いつも手作りのモダンなワンピースを作ってくれていたと聞いたことがある。自分が親にしてもらったことを私たちにもしてみたかったのかもしれない。季節ごとに生地を選んで姉たちと色違いのワンピースを作ってくれた。どこにも売っていないたったひとつの私だけのオリジナルのワンピースは宝物だった。大事にとっておけばよかったと思うけれど、いつの間にか処分されてしまって、今では古いアルバムの中でしか見ることができないのが残念である。

　アルバムの中の写真は記憶の記録。今はもう無くなってしまったものたちがたくさん写っている。ワンピース、ズック、ランドセル、三輪車、猫や犬、家や庭、幼い私、それからお父さん。

　私は末っ子だったから姉たちに比べてアルバムの写真が少ないような気がする。いちばん上の姉と比べたら半分くらいしかないいんじゃないかと思う。それに気付いていたからなのか、時々、母が家の庭で私一人の写真を撮ってくれた。

「現像に出したいんだけど、フィルムが余ってるから庭においで。あんたの写真撮ってあげる」

「えっ？　写真撮るの？　じゃあこの間買ったワンピースに着替えてきていい？」

「普段のままの方がいいんだから、そのままおいで。早くしなさい」

「じゃあ、クマちゃんは？　クマちゃんと一緒に撮ってもいい？」

「いいから早くしなさい」

　穏やかな陽気の昼下がり、母と私はそんな会話をしたかもしれない。

写真に写っている私は、普段着のままの白いブラウスと吊《つ》りスカートでクマのぬいぐるみを抱いている。ちょっと小首をかしげたり、はにかみながら微笑《ほほえ》んだり、クマちゃんと頬を寄せ合ったり、アイドル並みのポーズをバッチリ決めている。これは母の指図だったのか、それとも後の職業を予感させる私の天性の才能だったのかは今では知る由《よし》もない。母の方もアイドル撮影会に参加したファン並みに、俯瞰《ふかん》の位置から撮ったり、顔だけのアップだったり、庭の植物を入れ込んだりして、なかなか工夫された構図で撮影をしているのがなんだか妙におかしい。あの庭は私の原点だったのかもしれない。

仕事を始めてから、私はいったい何枚の写真を撮られただろう?　三十二年もやってきたから数え切れないほどなのだろうけれど、何百枚なのか、何千枚なのか、果たしてそれをも越えているのか、皆目見当もつかない。キレイな衣装を着て、キレイにメイクをして、キレイなライティングでプロが撮った写真を見た時にいつも感じる。これは私だけど私じゃない。本当もウソもないのだけれど、仕事としてカメラの前に立った時には私の中にもプロの意識が芽生えているから、やっぱり私だけど私じゃない。そういう写真はいつまで経っても見るのが少し恥ずかしい。だから私は写真のチェックを一切しない。マネージャーに全《すべ》て任せている。自分の写真を見て、この表情がいいとか、このポーズがキレイなんて判断することがなぜか悪趣味に思えてしまう。カメラの前に立つところまではプロ意識があるけれど、その後までプロになりきれないいんだね、私は。

でもそういう写真も記憶の記録であることには違いない。ピチピチした太もも、パンパンした頬っぺた、贅肉《ぜいにく》のついていないお腹《なか》、二度と戻れない時間と肉体が確かにそこにあったことを証明してくれている。私に子どもがいたとして、いつか孫が生まれ、その子が年頃になった時、「おばあちゃんにも若い頃があったのよ」と、水着のグラビア写真を見せて自慢したいくらいである。

原宿のあちこちに立っている私の写真も記憶の記録だね。変貌《へんぼう》してゆく街と一年ごとに確実に年を重ねてゆく私の記録。同潤会《どうじゅんかい》アパートもハナエモリビルもウェンディーズも郵便局も今はもう無くなって、次の建物が建つと最初は違和感を覚えるのだけれど、そのうちに見慣れてしまって前に何があったかということすら考えなくなってしまう。時はそうやって進んでいく。これからも原宿からいろんなものが無くなって、私だっていつかは死んでいなくなって、それでもその時代、その時間に確かにそこに存在していた証明ってことになるのかな、この写真って。

これから死ぬまでにいったい何枚の写真を撮られるのだろう。いつ死んでもいいようにできるだけ笑っていたいと思う。笑えているうちはまだまだ元気で幸せなのだから。

花や　庭や

休日の夕方は、商店街をぷらぷら歩く。スーパーで晩ご飯の食材を買って、タバコ屋で中南海《ちゅうなんかい》をワンカートン買って、薬屋でお化粧用のコットンを買って、酒屋で冷えた白ワインを買って、最後に花屋で自分のために好きな花を選んで買う。

白いトルコ桔梗《ききょう》に緑の葉を合わせたら爽《さわ》やかでスッキリした気分になった。自分のために花を買って自分のために部屋に飾る習慣なんていつの間に身に付いたのだろう。若い頃にはそんなこと思いつきもしなかった。一人の時間、一人の生活も、もうずいぶん長いことになる。

花というのはいいですね。ほんの一瞬で私に少女の気分を思い出させてくれる。私が育った家の庭は季節ごとに咲く花の匂いがした。その庭で一人で遊ぶのが大好きだった。花びらを絞ってお水に混ぜて色水を作ったり、本の間に挿《はさ》んで押し花にしたり、小さなブーケを作ったり、編み合わせて花の冠を作ったり。草花だけじゃない。庭にはいろんな生き物が訪れる。ありんこの行列をただ眺めたり、チョウやトンボを捕まえたり、猫の昼寝を邪魔したり。幼い私にとって小さな庭は大きな世界だったのだと思う。あの庭も、あの草花も、あの家も、とっくの昔になくなって、私の頭の中でしか再生できない記憶になってしまったけれど、目を瞑《つむ》れば、その花の色も匂いも見事によみがえる。

金木犀、木蓮《もくれん》、沈丁花、夾竹桃《きょうちくとう》、松葉牡丹《まつばぼたん》、水仙、山梔子《さんしし》、菖蒲《しょうぶ》、桜草……。

夾竹桃という花がいちばん好きだった。桃の花のようなピンク色の花を、思いのほか大きく育つ木に咲かせる。大人になってからインターネットで検索したらいくつかの画像が出てきた。でも、私の記憶とは少し違う花なのだ。私が記憶している夾竹桃は、ぼんぼりみたいに丸いつぼみのような形で、枝から下に向かって垂れ下がって咲いているような花だった。でもネットで見る夾竹桃は、パーッと花びらを太陽に向かって元気に開いているのだ。あれは夾竹桃ではなかったのか？ では、いったいなんという花だったのか。調べたくても、記憶が曖昧《あいまい》で、どう検索すれば辿り着くのかわからないのが残念である。

幼い日に母が東京の病院に割に長い期間入院をしたことがある。東京に仕事場を持つ父はしょっちゅうお見舞いに行けたけれど、子どもたちは日曜日くらいしか病院に行くことができなかった。私は毎日のように、その夾竹桃と思っていたぼんぼりのような花を枝からむしり取り、お母さんに渡してくれと父に託した。枝から切って切り花として渡すならまだしも、ただ花の部分だけむしり取った状態の花を、あの時父はちゃんと届けてくれていたかしら？ と、大人になってから思った。きっと病院に着いた頃にはしなしなにしおれて、お見舞いにもなりゃしないものになっていたはずだ。そんなものを貰《もら》っても病の母はひとつもうれしくなかったかもしれない。子どものすることって計り知れない。

庭の花を切り花にして学校に持っていき、教室の教壇の上に飾るなんてこともよくしていた。私が育った場所は田舎で田んぼや畑だらけだったので農家の子どもも多かった。農家の家には大きな庭があってたくさんの花が咲いていた。春先になると農家の女の子たちが競うように教壇に花を飾っていた記憶がある。花の香りが教室中に漂って気持ちが良かった。休み時間に男の子たちが暴れて花瓶を倒すというオチが必ずついていたけれど。

お墓参りにも花は欠かせない。私はお墓参りが好きである。実家に帰ると必ずお墓にお参りする。父のお墓と幼なじみのお墓とをハシゴして回る。お寺の近くの花屋さんに寄って花を選ぶ。あらかじめ仏花用にアレンジされた花束が売られているけれど、それを買わずに自分で選ぶのが好きである。父には白色や紫色の花でまとめてみたり、幼なじみには真っ赤なバラを選んでみたりする。お墓の掃除や草むしりをして、お花を供えて、お線香を焚《た》いて、しばし心の中で故人とおしゃべりをする。そうすると心がスーッと落ち着いて気持ちが良くなる。お墓参りは私にとって自己セラピー的な効果がある。

最近の若い男の子たちは女の子に花を贈ったりするのだろうか？　私も久しく男子から花を贈られていないが、あれは案外うれしいものである。お花屋さんで恥ずかしくて真っ赤になった顔でたどたどしく注文したんだろうな、と想像できる人から貰うとなお喜びが増す。花束ができる間、所在なげに店先をうろついていたんだろうな、と想像すると愛《いと》おしくてたまらない。貰った花束自体もなんだか無骨で気が利《き》いてない感じのチョイスが可愛くてしかたがない。はぁー、遠い昔の記憶だわ。

さて、そろそろ夕刻です。商店街をぷらぷらしながら今日はどんな花を買おうかな。ピンク色のスイートピー？　オレンジ色のガーベラ？　黄色いチューリップ？　自分のために、自分の心の中の少女のために花を選ぶのも悪くない。誰も見ていない時に自分自身を大事にしてあげられるのは大人の女の醍醐味《だいごみ》ですわよ。

団地のヌノタくん

団地に住んでるヌノタくんという先輩がいた。車を持っていたし働いているようだったから、たぶん十九歳とか二十歳とかだったのだと思う。パンチパーマをあてて思い切りヤンキーファッションだったけれど、威張るでも粋《いき》がるでもなく、優しくて話しやすい、いい人だった。同級生のミチヤの知り合いだったから、何度かヌノタくんに遊んでもらった。私たちは中学三年生、たったの十五歳だった。

授業が退屈で、尚かつお腹がものすごく空《す》いていたから、私はアホコと授業を抜け出して学校の真ん前にあるハギワラ商店にポテトチップスとコーラを買いに行くことにした。コンソメパンチ味のポテトチップスが発売されてから毎日食べている。それと５００㎖瓶のコーラは定番だった。今考えるとカロリーがすごく高そうで怖いけど、育ち盛りの十五歳はそれくらいのカロリーをあっという間に燃焼してしまうことができていたらしい。

ハギワラを出て、さてどこでサボるかと立ち止まって考えていたところに一台の車が止まった。トヨタマークⅡの窓が開いて顔を出したのはミチヤだった。

「おまえらなにしてんの？」

「ミチヤこそなにしてんのよ」

「今から海行くの。一緒に行かね？」

「えっ？　海？　行く行く！」

お天気が良くて海に行ったら気持ち良さそうだったから他のことは一切考えないで私とアホコはマークⅡに乗り込んだ。運転席には知らない人が座っていた。

「ヌノタくん、コイズミとマツダ」

ミチヤがものすごく簡素な紹介をしてくれた。

「どうも、じゃあ海まで行っちゃうよ」

マークⅡはブーンと走り出して学校はどんどん小さくなっていった。小さな冒険のはじまりはじまり。運転席にはヌノタくん、助手席にミチヤ、後部座席にはアキも乗っていた。

「なんだぁ、アキもいたんだぁ」

「うるせえなぁ、いちゃあ悪いかよ」

アキは同じクラスで私の後ろの席に座っている。私の後頭部はいわゆる絶壁でペタンとしていて、水の入ったコップを乗せても微動だにしないほど座りがいい。退屈な授業を受けている時、この後頭部を眺めているとなんだかイライラするらしく、数時間に一回私の後頭部をビタンと叩《たた》いてくる。

「ぜっぺきー!」

「痛っ!　やめてよ」

「おめえの絶壁が悪いんだよ」

「アキのアフロの方がよっぽど悪いよ」

「うるせー!　絶壁!」

ここら辺で必ず先生に注意される。

「クマザワ、コイズミ、授業中だぞ!」

アキと私のバトルは一時休戦となる。

カーステレオからは当時流行っていたアラベスクの「ハロー・ミスター・モンキー」が流れている。軽快なディスコミュージック。

「ヌノタくん、ブロンディかけていいですか？」

ミチヤがカセットテープをデッキに差し込む。何曲目かの「ハート・オブ・グラス」がかかった頃、車は高速道路にスーッと流れ込む。てっきり近くの湘南に行くのかと思っていたけどどうやら熱海の方まで行くらしい。コンソメパンチとコーラはみんなであっという間に平らげたけど育ち盛りの私たちはまだお腹が空いていた。

「さあ、着いたぞ」

ヌノタくんが車を止めたのは熱海《あたみ》の海辺の普通の札幌ラーメン屋さんだった。

「好きなの頼んでいいよ」

私とアホコは味噌《みそ》コーンラーメンを選んだ。一気に食べてお水をガブガブ飲んでヌノタくんが言う。

「さあ、帰ろうか」

私たちの冒険は授業をサボって先輩の車で熱海まで走って、札幌ラーメンをご馳《ち》走《そう》になって……終わった。

ヌノタくんの住んでいた団地はまだあるのだろうか？　ヌノタくんは元気なのだろうか？　あの札幌ラーメンのお返しをしたいとも思うけれど、探す術《すべ》もなく。遠い未来の私は途方に暮れるのである。

ナンパの季節

見知らぬ男の子に街で声を掛けられる、いわゆるナンパというのを初めて経験したのは、中学三年生の時、友達と横浜に買い物に行った時だったと思う。私が住んでいた厚木の町じゃナンパなんかされたことがなかったから、さすが横浜！　進んでるぅ！　とは思ったけれど、怖気《おじけ》づいた私たちは笑顔キープでそそくさと逃げました。でも、なんかうれしいような気持ちもあって……。

「今のなに？　なんなの？　笑えるぅ」

と、サチヨが言い。

「彼女たちぃ、どこから来たの？　だって！」

と、ノリコが言い。

「でも、赤いスウィングトップの子カッコよくなかった？」

と、ミワコが言い。

「えぇー！　ミワコ目が悪いんじゃないのぉ」

と、私が言い。

初めてのナンパ体験はキャッキャッ、キャッキャッキャッと終わったのでした。若いって素晴らしいじゃないの。


私がナンパをされ始めた頃、世の中にはもちろん携帯電話なんか存在しませんでした。家族みんなが使う黒い電話が居間とか玄関に一台あるだけです。

夏の終わりの夜の九時、電話がリーンと鳴りました。父が出て「お前に電話だよ」と取り次がれ「もしもし？」と出てみたら、「オレオレ！」って。この時代オレオレ詐欺《さぎ》もまだ存在していません。

「えっ？　どちらさまですか？」

「だから、オレだよ！　こないだ茅ヶ崎の海で会ったじゃん！　忘れちゃったの？　赤いビキニのキョーコちゃん！」

そうだった。この間海に行った時、高校生にナンパされたのだった。でも、まだまだおぼこかった私たちは多少の会話はしたものの、またまた笑顔でそそくさと逃げたのでした。

「そのビキニかわいいねぇ」

「あ、はぁ」

「学校どこ」

「睦中《むっちゅう》です」

「まだ中学生なんだぁ」

「名前なんていうの？」

「えっと、キョーコです」

この会話をしただけなのになんで電話が掛かってくるのだろう？　なんだか怖いし、面倒くさいな……。

「睦中の知り合いに、中三でキョーコって名前の女の子の電話番号教えてって言ったらすぐわかったよ」

「はぁ、そうですかぁ」

「ねえねえ、今度遊びに行かない？」

「えっ、いや、いいです」

「冷たいなぁ、ボウリングでもしに行こうぜぃ」

「いや、行かないです」

「そんなこと言わずにさぁ。じゃあ土曜日また海で会おうよ」

「あの……。本当にごめんなさい！」

慌てて電話を切りました。ガシャン。

「なんだ？　誰からの電話だ」

「知らない！」

「なんだよ、なに怒ってんだよ」

「お父さんが電話代わるからいけないんだよ！」

「そんなこと言ったって、お前に掛かってきたんだろ」

「海で会った知らない人！　勝手に電話番号調べたの！」

「おぅ、そうだったのか」

「今度男の子から電話掛かってきたら名前だけ聞いていないいって言って！」

「わかったよ」

「もうお風呂入って寝る！」

「おう、おやすみ」

とんだとばっちりを受けた父でした。

それから間もなく、私は仕事を始め、ナンパや合コン、愛だ恋だと色めき立つ青春を謳歌《おうか》することはなかったのかもしれないけれど、全国で「キョンキョーン！」と精一杯の声を張り上げ、一時《いっとき》でも私に青春を感じてくれる人たちのために、全力で唄《うた》うのが私の青春でございました。それはそれで素敵じゃないの。若いってそれだけで本当に素晴らしい！


余談になりますが、先日渋谷で打ち合わせを終えた夜の十一時、タクシーが拾えるところまで歩いていたら、後ろから「こんばんはー」って若い男子の声が。おっ！　ナンパかぁ？　と、身構えたその時、正面に回ってきた若い男子はスッピンでマスク姿の中年女とわかった途端、無言で小走りに駆け抜けていきました。

中年女はそんなことぐらいじゃ傷つきませんわよ！　少なくとも後ろ姿はイケてたということで、ポジティブに心に折り合いをつけましたとさ。

四月某日の手記

四月某日

午前十一時、ユミ（母）と、ヒロコ（姉）と新宿の某デパートで待ち合わせる。前日がユミの誕生日だったためプレゼントを買ってあげることに。マダム向けのブランドをひと通り見たがユミ気に入らず、なんとツモリチサトのイルカモチーフの白いカットソーをいたく気に入った様子の七十八歳。それに合うネイビーのカーディガンと共に購入。某デパートは大きいサイズの衣類を取り扱うコーナーが充実しており、ちょっぴり太めのヒロコは大喜び。六月に五十二歳の誕生日を迎えるので、前倒しのプレゼントとしてブルーのキュロットスカートと黒いカーディガンをズッカにて購入。

お腹が空いたので最上階のレストラン街へ。お昼時なのでどの店舗も長蛇の列。

中華料理屋の列にスタイリストのイクさんとヒモリちゃんを発見。撮影のための物集めの途中だそう。長蛇の列に並ぶのも面倒な私たちは比較的空いていそうな有名和食店へ。ちょうどお会計中だったひと組がいて、ものの五分で入店。それぞれ違うメニューを選び好きな物を交換し合ったりしながら楽しいランチ。

お腹も膨らみ、ユミのリクエストである本日のメインイベント。新宿御苑《ぎょえん》へ桜見物に向かう。実は私、新宿御苑の中に入るのは初体験。すぐ脇《わき》の新宿二丁目のゲイバーで朝まで飲んだりするくせに。飲んだ朝、必ずここでタクシーを拾うという場所を車で通過。なんだろう？　母と姉が一緒のせいか心に少しの罪悪感が芽生えるが、別に悪いことなんかこれっぽっちもしていない！　ストレス発散のため仲良しのゲイたちと八〇年代アイドルソングを唄いまくるだけだもの！　と、その罪悪感を吹き飛ばす。

さて、初新宿御苑である。中に入ると思ったよりも広くて気持ちが良い。建物に邪魔されないから空も広い。三人で穏やかに散歩する。桜を見つけるとユミのガラケーで写真を撮る。後でわかりやすいように桜の花と、ユミ入れ込みのショットと、花の名前のプレートと、必ず三枚ずつ撮ってあげる。カメラを向けてもユミは笑ったりはしゃいだりおどけたり決してしない。一応写真を撮られる顔はするのだけれど、なんていうか表情が暗い。私が親友たちから日頃「あんたって暗いよね」って言われる所以《ゆえん》はここにあったのかとシャッターを押しながら納得する。白いのやらピンクのやら黄色いのやら、桜にもいろんな種類があるのだなぁ。黄色い桜を生まれて初めて見た。世の中まだまだ知らないことだらけ。日々精進、なんて心の中でそっと思う。

ユミもヒロコも新宿御苑に満足したようなので私の自宅にお連れする。新宿まで小田急ロマンスカーに乗ってきた二人だが、帰りはヒロコの夫、タカユキさんが車で迎えに来てくれるというのでお茶でも飲みながらしばし待機。ヒロコの孫のハルちゃん（五歳男児）も一緒に連れてくるというので楽しみ。彼らが到着したら焼肉を食べに行くことにする。

去年の終わり頃、私たちはまた一人家族を亡《な》くしてしまった。私は三人姉妹の末っ子だが、長姉《ちょうし》のヨーコが癌《がん》で逝《い》ってしまったのだ。数年前にまず大腸に見つかり、すぐに手術をしたものの、肝臓と肺に転移、最後には脳にも転移してしまった。最新医療や抗がん剤、できることは全てやったけれどダメだった。過酷な闘病だったと思う。ヨーコの娘たちと私の三人で最期《さいご》を看取《みと》ることができた。痛みや苦しみから解放されてやっと穏やかな表情になったヨーコの頭をみんなで撫《な》でた。二十年以上前に父が逝き、去年は姉が逝き、残された私たちは仲良く穏やかな時間を積み重ねて生きてゆくしかない。家族って不思議だ。一人だった人生に一人増え二人増え家族になり、また一人去り二人去り、そしてまた一人増え二人増えの繰り返し。

ハルちゃん到着。来るなり部屋中駆け回るハイテンション五歳男児。

「焼肉を食べに行くよ」

と言うと、

「やだー！　じゃがりこ食べたい！」

と猛反発。

「じゃあ、焼肉屋さんに行く途中でキョーコさんがコンビニでじゃがりこ買ってあげるから行こう」

となだめてみんなでぞろぞろ街を歩く。

「じゃがりこ！　じゃがりこ！」

と叫びながら歩くハルちゃんにおばあちゃんであるヒロコが、

「じゃがりこよりじゃがビーの方がおいしくない？」

とどうでもいいことを言う。コンビニに到着してからも、

「ねえハルちゃん、じゃがビーの方が絶対おいしいよ」

と三回くらい言うヒロコ。ハルちゃんは聞く耳持たずじゃがりこを抱きかかえる。ユミとタカユキさんは外で立ち話をしていて、私はハルちゃんとレジに向かう。ヒロコはまだじゃがビーの前にいる。なんだろう？　こんな時、家族だなと思う。少し泣きたくなる。

焼肉屋さんに到着してメニューを選んでいる時、ユミが、

「あたしはなんでもいい」

と小さい声で言う。

「何飲む？」

と聞くと更に小さな声で、

「ジンジャーエール……」

「あんたって暗いよね」と親友の声が耳の奥でリフレイン。家族だね、血だね、血脈。脈々と繋《つな》いでいこうではありませんか！　頑張れ妊婦！　産めよ女子！　私、全力で応援しますわよ。

続、生い立ちの記

小泉今日子
一九六六年二月四日生まれ
神奈川県厚木市出身

小さな会社を営む父（ノブヒロ）と、母（ユミ）との間に三姉妹の末っ子としてこの世に生を受ける。妊娠五カ月くらいまでお腹にいることすら気付かれず、産気づいても病院にすぐに行かなかったため、産道付近で足止めをくらい、窒息死寸前の状態で生まれたらしい。赤子なのに全身紫色をしていたという。

「逆さにして背中を叩いても産《う》ぶ声《ごえ》をあげなくて、こりゃダメだと思ったけど、ベテランの助産婦さんが口で人工呼吸をしてくれて、やっと泣いたのよ。あの時は助

産婦さんが女神様に見えたわ」（母、ユミ談）

もしも助産婦さんがベテランじゃなかったら……。ありがとう！　女神様。

「冬の朝六時くらいに生まれたから、まだ空が暗くて、これから今日という日が始まるなぁと思って、俺が今日子と名付けたんだ」（父、ノブヒロ談）

この間、父の二十三回忌法要の時に母とその話になったのだけれど、あんたの名前はおじいちゃんが付けたんだと頑として譲らないので、父が嘘《うそ》を言っていた可能性が高い。

普通の小学校と普通の中学校に通い、目立つでも目立たぬでもない普通の日々を過ごす。

「あんたさぁ、ダサいんだよ。カッコ悪いからカバン潰《つぶ》して、靴下折って、スカートもっと長くしてくんない？　あたしが恥ずかしくなるわ」（姉、ヒロコ談）

学校の中で、中一の私が、中三の身内にからまれるってどういうこと？　でも、ヒロコは私にとって最強の悪魔。逆らうことはできず、仰《おお》せの通りのいでたちに。

姉が卒業した後、ひとつ上の先輩たちに睨《にら》まれたのは言うまでもない。

「あんたさぁ、中三にもなって歌謡曲とか聴いてんじゃないよ。洋楽聴けよ。日本の音楽でもせめてロックとか聴いてくんない？　本当に恥ずかしいわ」（姉、ヒロコ談）

家の中で、おとなしく音楽を楽しんでいるだけなのに……。でも、やはり最強の悪魔には逆らえず、洋楽を聴くようになる。せめてもの反抗として、姉があまり聴かないディスコミュージックを好む。

この頃、友人たちと原宿のホコ天に通い出し、ディスコミュージックに合わせて路上で踊る竹の子族を観察する。

「キョンキョンも出しなよ、ハガキ。スタ誕かドバドバ大爆弾。誰が最初にテレビに出られるかなぁ。あたしは面白ネタがあるからドバドバにするね」（友人、A談）

そして、私は「スター誕生！」という新人歌手発掘番組に一枚のハガキを出す。なりたかったわけでも、かといって、なりたくなかったとも言い切れない、アイドルという職業に就くことになる。あれから三十数年、転職もせず働き続けている。

続けることが大切だと言えるのは、続けたことがあるからだ。歌も踊りも演技も、何もかも下手くそだった私が、いつの間にか少しは人様に楽しんでいただけることができるようになっていた。石の上にも三年というけれど、石の上に三十年も居れば、冷たい石もずいぶんと温まる。若い頃は、ほんの数年先のことだって遥《はる》か遠くに感じていたし、自分が年をとるなんて想像もできなかった。将来の夢なんて抱いたこともなかった。流されるままに生きてきた。でも、とりあえず続けることだけはできたと思う。

続けることとは、変わらないということではないのだと最近感じる。同じ場所に居ても景色は確実に変わっていく。その景色が見えるかどうか、その景色を楽しめるかどうか、それが大切なのだと思う。

九年間、定点観測をした原宿だって、どんどん変わっていった。携わったスタッフも私もどんどん変わっていった。続けることとは、変わらないことではない。続けることは、変わり続けることなのかもしれない。街も人も変わり続ける。街も人も生きているのだ。だから、なくなってしまったものも、新しく生まれたものも、どちらも等しく愛おしい。

さて、間もなく五十歳になる私。生きることもよく飽きずに続けてきたと褒めてあげたい気分。これからも転がり続けてあちこち傷だらけで生きていくのだろう。あと十年？　二十年？　うふふ、百歳まで生きちゃったりしてね。とにかく、生きていなけりゃ何もできない。だから今日も生きるのさ！

逃避行、そして半世紀

久しぶりに葉山に来ている。昨日は天気が悪くて、どんよりとした憂鬱《ゆううつ》な一日だったが、今朝はうってかわって青い空に青い海。対岸に見える江の島が悠然と佇《たたず》んでいる。もっと晴れた日なら富士山だってくっきりとキレイに見えるこの部屋の窓。四十三歳から四十六歳までの三年間、私はこの海の景色を眺めながら猫と二人で静かに暮らしていた。土地勘があったわけでも、知り合いがいたわけでもなく、都内へと仕事に通うのに往復三時間もかかるこの場所に、小さな乗用車に積めるだけの荷物を積んで、ほんの思いつきだけで移り住んだのだった。あれは、ある種の修行だったのかもしれないと、最近そう思う。

その頃の私は、いよいよ一人で生きていく覚悟をしていた時期だった。離婚して、猫を飼い始めて、数年が経《た》って恋愛も結婚もなんだかとても遠くに感じていた。一人の環境を整えるために都内で終《つい》の住処《すみか》になるような家探しをしていたが、ピンと心の琴線に触れる家に出会えないでいた。そんなある日、深夜に不動産屋のサイトを眺めながら、人生の中で海を見ながら暮らす時間があってもいいのではないかと閃《ひらめ》いてしまった。大好きな沢村貞子《さだこ》さんだって、晩年は海の見える部屋で静かに暮らしたというではないか。これだ、間違いない！　と確信した。そこからの私の行動は早かった。知り合いが部屋を貸したいと言っていたことを思い出してすぐに連絡し、あっという間に引っ越しをした。

それまでの私は、頻繁に夜の街に繰り出して朝方までお酒を飲んで、家に帰ったら気絶するようにベッドに倒れ込むという自堕落な生き方をしていた。今思えば自《や》棄《け》っぱちな気分だったのだろう。酒場では同世代の男たちがいつもこの世を嘆いていた。

「東京って街は汚くて大嫌いだ」

「こんな世の中、なくなってしまえばいい」

「夢なんて見たって悲しいだけだ」

男たちはそうしてお酒を飲んで、起きたらまた仕事をして、闘って、夜になればまた集まってお酒と音楽とタバコに酔う。酒場で弱音を吐いたり、強気に振る舞ったりしながら心を調整しているのだと思う。ああ、なんて繊細なのかしら。なんて傷つきやすい生き物なのだろう。男って生きるのが本当に大変そうだ。

私も仕事をしているし、独り身だし、男と同じようにお酒を飲んで語り合ってもいいのだと思っていたけれど、なんか違うのかもしれないと思い始めた。だって私、東京を汚い街だと思ってないし、世の中がなくなれとも思ってないし、夢なんて元々見てないような気がするし。やっぱり私は女なのだ。もっと逞《たくま》しくて、したたかな生き物なのだ。一人で生きるということは男たちと肩を並べてお酒を飲むことなんかじゃないはずだ。私、何かを間違えているのかもしれない。なんか危険だな。この先の人生を豊かに生きるためにするべきことを見つけなければならない。まずはこの場所からの脱出だ。そうして私は、決して嫌いなわけではない東京から、海辺の町へ逃げるように移り住んだのだった。謂《い》わば、ちょっとした逃避行ね。

幼い頃からなぜだか逃避行に強い憧《あこが》れがあった。テレビのワイドショーが影響しているのだと思う。キレイな女優さんが恋人と逃避行をして、帰ってきた時に長い髪をバッサリとベリーショートにしていて、報道陣にもみくちゃにされながらも、何かが吹っ切れたようにさっぱりとした美しい顔をしていた。それから、やはり子どもの頃に、麻生よう子さんという歌手が「逃避行」という歌を唄っていて、それもとっても好きだった。

あのひとから　言われたのよ
午前五時に　駅で待てと
知らない街へ　ふたりで行って
一からやり直すため
あのひとから　言われたのよ
友達にも　打ち明けるな
荷物をつめた　トランクさげて
また空いた汽車を　空いた汽車を　見送った
昨日の酒に　酔いつぶれているのだわ
おそらくあのひとのことよ
それがなきゃ　いい人なのに

あきらめたわ　私ひとり　キップ買う

八歳だった私がこの歌に何を感じていたのかは謎《なぞ》だけど、なぜだか好きだった。恋愛なんてなんにも知らないくせに、とっても遠くにそれは必ずあって、いつか自分も知ることになるんだろうな、という感覚がいつも私の中にあったのだと思う。

憧れの逃避行を果たしたのだったが、それはとっても中途半端《はんぱ》で、仕事があれば出掛けていくし、残念なことに、私の逃避行には男の人の影が一切なかった。一緒に逃げてくれたのは猫。しかもメス猫ちゃんだった。

最初のうちは、窓から見える海や、波の音が新鮮でとても晴れやかな清々《せいせい》した気持ちだったけれど、海も毎日見ていればただの景色だし、波の音も聞こうと思わなければ聞こえなくなるほど日常になってしまう。滅多に人も来なかったから、外食はほとんどしないし、逃避行というよりは流刑《るけい》のような気分になっていった。いったい私はこの場所で何の罪を償っているのだろう?

一人が好きなくせに、淋《さび》しがり屋という面倒なところがある。そして、淋しいということを素直に表現することができない、さらに面倒な人間なのである。その淋しさを埋めるために他人を巻き込んで生きてきたのではないかと思う。それが私の贖罪《しょくざい》だったのかもしれない。それならば、この流刑の地でとことん一人で過ごしてやろうではないか。勝手にそんな修行をしたような気がする。

三年が過ぎて、朝ドラの出演が決まり、まだまだ修行の途中だったのだけれど、ここから仕事に通うのはさすがにしんどいなと都内に戻ることを決めた。新しい部屋を探している時にふっと嫌な予感がした。この部屋をとても気に入ったけれど、ここに私の猫が一緒にいることがイメージできない。でも、そんなの気のせいだと私は不動産屋の契約書に判子を押してしまった。とりあえず契約だけ済ませて後はゆっくりやればいいと、私はまだ葉山に留まっていた。そんなある日、テレビのバラエティ番組の収録中、急に心臓にドクドクと激しい動悸《どうき》を感じて、このままじゃ倒れる、こんなところで倒れたら大変なことだとパニックを起こしそうになったけれど、それはほんの数秒でピタッと治まった。

収録に時間がかかって、終わったのは深夜の二時。スタジオの外に出たら、風が吹いていた。強いけれど生ぬるいような変な風、なんだか嫌な夜だった。葉山の家に着いた時には午前三時を過ぎていた。玄関を開けて、いつもならお腹が空いたと待ち構えている猫が姿を見せない。部屋の中に入っても気配を感じない。名前を呼んでも答えてくれない。どこを探しても見当たらない。ヤダ、ヤダ、ヤダ！

ふと見ると、洗面台の下の扉が開いていた。バタバタと出掛けたから閉め忘れたのだろう。その中で猫が寝ていた。こちらに背を向けて、小さな化粧ポーチを枕《まくら》にして横たわっていた。なんだ、こんなところにいたんだと抱き上げようとしたら冷たかった。緑色のキレイな目は力なく開いたままだった。ヤダ、ヤダ、ヤダ！

突然の心臓発作だったのだと思う。発作に苦しみながら、なんとか洗面所まで歩いていったのだろう。怖がりの私をビックリさせないために、のんきに寝たふりをしているみたいに死んでいた。そんな優しい子だった。あの、収録中に感じた心臓のドクドク。きっとあの瞬間に死んでしまったのだと思う。人生でこんなに泣いたことはないというくらい私は泣いた。今でも思い出すといつでも泣けるぐらい、人生最大の悲しみだった。


あんたの修行はもう終わったよ。

新しい世界に行きなさい。

もう一人でも大丈夫だよ。

なんだか背中を押されたような気がした。私の淋しさも、罪も、全部背負って天国に旅立ってくれた愛しいあの子。人生最大の悲しみを知った私の心は少し強くなったと思う。何かから解放されたかのように、それからの私はがむしゃらに働いた。働きまくった。

あの子と過ごした海辺の部屋で、もうあの子がいないこの海辺の部屋で、私は五十歳の誕生日をたった一人で迎えた。こんな私が半世紀も生きてしまった。なんだかすごいぞ。でも、思っていたよりも清々《すがすが》しい気分だった。きっと人生に無駄なことなどひとつもない。あの子と逃避行したことも、勝手に修行したことも、夜な夜な飲んだくれていたその前の私も、ううん、それだけじゃない。生まれてから私に起こった全《すべ》ての事柄は、清々しい気分で五十歳の誕生日を迎えるために必要なことだったのだと思う。粛々《しゅくしゅく》と、その全てに感謝しながら、夜の海の、夜の波の音を聴いた。

さて、五十代に突入した私には残された時間が少ない。あの子が待っている天国は遥か遠くとは言えないのだ。これからどう生きるのか？　それが問題である。健康でいたいとも思うし、いい仕事をしたいとも思うし、女としていつまでもキレイでいたいとも思うし、恋愛や男という難題に再び向き合うことにもチャレンジするべきだとも思う。結局、修行は続いているのだ。きっと死ぬまでずっと修行は続くのだろう。だから人は考えることを止《や》めないし、だからこそ人生は楽しいのだ。神様だって苦行ばかりを強いたりしないはずだもの。

原宿という町名はもうないのに、今でも誰もがそこを原宿と呼ぶように、私の人生が終わっても、私が生きた証《あかし》を、どんなに小さくてもかまわないから、残せたらいいなと思いながら、また生きようと思う。

和田さんの今日子ちゃん

和田さん、和田誠さん。

和田さんは私にとって映画の監督さんだった。一九八八年公開の『快盗ルビイ』で私はルビイの役を演じた。二十二歳だった。

お父さんが吸っていたタバコの「ハイライト」のデザインや、中学生の時に読んでいた星新一の『ボッコちゃん』『気まぐれロボット』などの本の装丁、子どもの頃に観《み》ていたゴールデン洋画劇場のオープニングタイトル、「週刊文春」の表紙のイラストなどが和田さんの仕事だったということは、後から知ったことだった。

二十二歳の私は生意気なことばかり言うような女の子だったが、「今日子ちゃんのそういうところ、すごくいいと思う」と和田さんはいつも言ってくれた。そう、和田さんはいつも「今日子ちゃん」と呼んでくれた。

その頃の映画の撮影現場にはモニターというものはなかった。カタカタカタと微《かす》かな音がなるフィルムでの撮影が主流だった。監督はカメラの横に構えて肉眼で俳優の演技を見ていた。俳優の顔のアップを撮る時なんかは、カメラもマイクも俳優に近づいてくるので、このカタカタカタという音をマイクが拾ってしまう。そうするとカメラに毛布を被《かぶ》せて音が漏れないようにしたりして。

そう考えると撮影現場の環境は随分変わったんだなと改めて気づく。カタカタカタッていう音、私は大好きだったのだけど。

和田さんに最後に会ったのは原宿の街角だった。デニムにジャンパー、ベースボールキャップといういでたちだった。若者が歩いてくると思ったら和田さんだった。和田さんは三十歳年上だったけれど、話していて年齢差を感じることがあまりなかった。それは和田さんの方に若者と話しているという意識がなかったからかもしれない。誰に対しても同じように接する人だった。

「今日子ちゃんのそういうところ、すごくいいと思う」

五十四歳になった「今日子ちゃん」は、果たしてそんな風に若者に接することができているのか。ついつい昔話をしてしまったり、自分の考えを押し付けたりしているのではないかと不安になる。舞台や映画の撮影で十代、二十代の若者と交流する機会があるが、今の人たちはとても大人でしっかりした考えを持っているし、発想も自由でとても頼もしい。未来は彼らにかかっている。足を引っ張らずに密《ひそ》かにそっと手助けできるような大人でいたいと心から思う。

久しぶりに和田さんのアトリエを訪れた。原宿のアトリエはとても静かだった。それがなんとなく切なかった。たくさんの和田誠作品に囲まれて、私は初めて和田さんにちゃんと言えた気がした。ありがとう、と、さようなら、と。

帰り際《ぎわ》に事務所の人に「これは小泉さんにお返ししようかと思っていたんです」

と封筒を渡された。数枚のポストカードに挟まれて私の写真が入っていた。写真の裏には私の拙《つたな》い手書き文字でこう綴《つづ》られていた。

和田誠さま

BOY FRIEND も
もっていない水着の写真です。
大切にあつかって下さい……。
〝快盗ルビイ〟記念に特別におくります。

小泉今日子

映画の中で引っ越しの手伝いをしてくれる相棒の男の子が、思わず盗むルビイの水着の写真というのが必要で、プライベートで撮った水着の写真を提供したのであった。その写真を偉そうに、生意気に、クランクアップの日に私が監督にプレゼントしたのだったが、ずっと大切にあつかってくれていたのだ。

本棚の単行本にその封筒は挟んであって、ポストカードにも挟んであって、三十年間、誰の目にも触れることなく守られた「今日子ちゃん」は太陽の日差しに少々眩《まぶ》しそうではあるが満面の笑みである。

あとがきのようなもの

あの黒猫はいったいどこへ消えたのか？　何十年も経《た》つのに時々考える。今となってはどうすることもできないのに、まだ私の心を締めつけるのだ。

黒猫だけじゃない。ブラインドの隙間《すきま》から見送った父親の後ろ姿。駅のホームに立つ母親の顔。病と闘っていた姉の寝顔。夕暮れ時にうずくまって泣いていた幼なじみ。たくさんの残像が、時々頭の中によみがえっては私の心を締めつける。思い出というにはザラザラしすぎている記憶。追悔《ついかい》とでもいうのだろうか。

パソコンに向かう私の足元で猫が鳴く。二年前に譲り受けた保護猫の黒い猫。私の目を真《ま》っ直《す》ぐに見つめて鳴く。一生懸命何かを訴えているように鳴く。あの時の黒猫が姿を変えて現れて、私を非難しているのではないかとふと妄想する。

ここ数日、仏壇《ぶつだん》にお線香をあげるのを忘れている。父親と姉、そしてご先祖さまは、自堕落にソファに寝転がって韓国ドラマを貪《むさぼ》るように観《み》ている私を、どんな気持ちで見つめているのだろうか。

コロナ禍で一年以上実家に帰っていない。年老いた母と、母の様子をいつも知らせてくれる姉は、実際のところどんな毎日を送っているのだろうか。

ずっと会っていなかった友人からのメール。コロナウィルスに感染し、二週間ＩＣＵで生死の境をさまよった。やっと一般病棟に移ったから一度電話してほしい、と。

ザラザラとした追悔は澱《おり》のように心に溜《た》まっていくいっぽうだ。だけど、そんな心の澱が私を奮い立たせるのも事実。今日も明日も一生懸命生きなくちゃ、と。

このエッセイを連載していたのは二〇〇七年から二〇一六年。雑誌「SWITCH」の「原宿百景」という連載だった。エッセイだけでなく、原宿にまつわるゲストとの対談も掲載していた。お話しさせていただいた方の中には天国へ旅立ってしまった方もいる。和田誠さん、安西水丸《みずまる》さん、川勝正幸さん、高橋吾郎《ごろう》さん、山崎眞行《まさゆき》さん。彼らが生きて、彼らが見た原宿のお話を記録できたことは、私にとって宝物のような優しい思い出だ。

先日、世田谷文学館で催されている「イラストレーター　安西水丸展」にふらりと行ってみた。イラストから本の装丁、広告デザイン、絵本、安西さん愛用の私物まで。とても丁寧に展示されていた。あるブースのガラスケースの中にシュタイフ社のテディベアがいた。手書きの原稿やなんかと一緒にガラスケースの中に座っていた。テディベアに関しては何の説明もされていなかったのだけれど、きっと安西さんが所有していたものだと思う。ガラスケースを覗《のぞ》き込んだ時、そのテディベアと目があってしまった。可愛《かわい》い小さな黒いまん丸な目で私を静かに見つめるのだ。私はしばらくその場から動けなかった。テディベアはきっと、仕事場の片隅にただ座って、安西さんが生きた時間をこの黒い小さな目で見つめていたのだなと思った途端、自分でも驚いたのだけれど涙が出てしまった。

永久不変という言葉が頭に浮かんだ。この小さな黒い目は感情とは別のところから私を見つめている。安西さんがいなくなっても、きっとこの先私がいなくなってても、そしてそれからまたずいぶん時が過ぎたとしても、この小さな黒い目はただただ真っ直ぐに誰かを見つめるのだ。そこには過ぎてゆく時間だけが存在する。その果てしなさに泣けてしまったのかもしれない。

宇宙規模で見たら、私が生きた時間なんてほんの瞬《まばた》きするような時間なのだと思う。だから何をしたって大したことではない。自分にとって美しいと思える瞬間を重ねて、追悔の澱を少しずつきれいな水にできたらなと思う。

『黄色いマンション　黒い猫』に書いた文章はもしかしたら懺悔《ざんげ》だったのかもしれない。そうなると、読んでくださった方は神か仏か。ああ、どうか、こんな私をお許しください。

この作品は平成二十八年四月スイッチ・パブリッシングより刊行された。
文庫化にあたり、「和田さんの今日子ちゃん」「あとがきのようなもの」を加えた。

向田邦子著

男どき女どき

どんな平凡な人生にも、心さわぐ時がある。その一瞬の輝きを描く最後の小説四編に、珠玉のエッセイを加えたラスト・メッセージ集。

向田和子著

向田邦子の恋文

邦子の急逝から二十年。妹・和子は遺品から、若き姉の〝秘め事〟を知る。邦子の手紙と和子の追想から蘇る、遠い日の恋の素顔。

森下典子著

日日是好日
―「お茶」が教えてくれた15のしあわせ―

五感で季節を味わう喜び、いま自分が生きている満足感、人生の時間の奥深さ……。「お茶」に出会って知った、発見と感動の体験記。

村岡恵理著

アンのゆりかご
―村岡花子の生涯―

生きた証として、この本だけは訳しておきたい――。『赤毛のアン』と翻訳家、村岡花子の運命的な出会い。孫娘が描く評伝。

北杜夫
斎藤由香著

パパは楽しい躁うつ病

株の売買で破産宣告、挙句の果てに日本から独立し紙幣を発行。どくとるマンボウ北杜夫と天然娘斎藤由香の面白話満載の爆笑対談。

小川洋子著

博士の本棚

『アンネの日記』に触発され作家を志した著者の、本への愛情がひしひしと伝わるエッセイ集。他に『博士の愛した数式』誕生秘話等。

新潮文庫最新刊

大塚已愛著
鬼憑き十兵衛
日本ファンタジーノベル大賞受賞
父の仇を討つ――。復讐に燃える少年と憎形の鬼、そして謎の少女の道行きはいかに。満場一致で受賞が決まった新時代の伝奇活劇！

町屋良平著
1R1分34秒
芥川賞受賞
敗戦続きのぽんこつボクサーが自分を見失いかけるも、ウメキチとの出会いで変わっていく。若者の葛藤と成長を描く圧巻の青春小説。

田中兆子著
徴産制
センス・オブ・ジェンダー賞大賞受賞
疫病で女性が激減した近未来。国家は18歳から30歳の男性に性転換を課し、出産を奨励した――。男女の壁を打ち破る挑戦的作品！

櫻井よしこ著
問答無用
一帯一路、RCEP、AIIB、中国の野望に米中の対立は激化。米国は日本にも圧力をかけてくる。日本のとるべき道は、ただ一つ。

野地秩嘉著
トヨタ物語
ジャスト・イン・タイム、アンドン、かんばん方式――。世界が知りたがるトヨタ生産方式とは何か。最深部に迫るノンフィクション。

原田マハ著
常設展示室
―Permanent Collection―
ピカソ、フェルメール、ラファエロ、ゴッホ、マティス、東山魁夷。実在する6枚の名画が人々を優しく照らす瞬間を描いた傑作短編集。

JASRAC　出2108156-101

黄《き》色《いろ》いマンション　黒《くろ》い猫《ねこ》

新潮文庫　こ-72-1

令和三年十二月一日発行

著者　小《こ》泉《いずみ》今日《きょう》子《こ》

発行者　佐藤隆信

発行所　株式会社新潮社

郵便番号　一六二―八七一一
東京都新宿区矢来町七一
電話　編集部(〇三)三二六六―五四四〇
　　　読者係(〇三)三二六六―五一一一
https://www.shinchosha.co.jp

価格はカバーに表示してあります。

乱丁・落丁本は、ご面倒ですが小社読者係宛ご送付ください。送料小社負担にてお取替えいたします。

印刷・錦明印刷株式会社　製本・錦明印刷株式会社

ISBN978-4-10-103421-8　C0195